U0635203

罗澍伟 主编

罗澍伟——著

河海润古今

天津出版传媒集团

天津人民出版社

图书在版编目（CIP）数据

河海润古今 / 罗澍伟著 . —— 天津 : 天津人民出版
社 , 2022.10
　（阅读天津·津渡 / 罗澍伟主编）
　ISBN 978-7-201-18758-7

Ⅰ . ①河… Ⅱ . ①罗… Ⅲ . ①天津 – 地方史 Ⅳ .
① K292.1

中国版本图书馆 CIP 数据核字 (2022) 第 159500 号

河海润古今
HEHAI RUN GUJIN

出　　版	天津人民出版社
出 版 人	刘　庆
地　　址	天津市和平区西康路 35 号
邮购电话	（022）23332469

策　　划	纪秀荣　任　洁　赵子源
责任编辑	霍小青
特约编辑	李佳骐
装帧设计	世纪座标　明轩文化
美术编辑	郭亚非　汤　磊

印　　刷	天津海顺印业包装有限公司
经　　销	新华书店
开　　本	787 毫米 ×1092 毫米　1/32
印　　张	6.5
字　　数	75 千字
版次印次	2022 年 10 月第 1 版　2022 年 10 月第 1 次印刷
定　　价	45.00 元

阅读天津·津渡

HOW TO READ TIANJIN

FERRY CROSSING

主编的话

罗澍伟

乘着凉爽的秋风，"阅读天津"系列口袋书第一辑"津渡"，翩然而至，饱含播种的艰辛和收获的喜悦。

天津，是国家历史文化名城，是一座因河而生、因海而长的城市。河与海，丰富了这座城市的历史与生命，让她既传统又时尚，既守正又包容，既质朴又浪漫，多元文化在这里相遇。一年四季，这座城市总是仪态万方、光华夺目，散发着永恒的人文魅力。

"津渡"，以上吞九水、中连百沽、下抵渤海的海河为蹊径，深情凝视这座城市的岁月过往，又经由现代价值的过滤，带领读

HOW TO READ TIANJIN FERRY CROSSING

者重返时间洪流，感受津沽大地所存储的厚重记忆。十本图文并茂的普及性读物，涵盖了海河的历史悠久、运河的遗存丰厚、建筑的精美绝伦、桥梁的琳琅满目、洋楼的名人荟萃、工业的兴盛发达、美食的回味无穷、年画的意蕴深厚、方言的风趣幽默、文学的乡愁悠远。英国浪漫主义诗人雪莱说："历史是'时间'写在人类记忆中一首循环的诗。"认真阅读，既可以领略这座城市源远流长、群星璀璨的深层历史况味，又可以与这座城市异彩纷呈的多元文化来一场愉悦的邂逅。

"津渡"，配有一份精致的手绘长卷《海河绘》，以杨柳青木版年画特有的丹青点染，绘就一条贯穿"津城""滨城"的浩荡长河，上至永乐桥上的"天津之眼"，下达恢宏壮观的天津港；细致描摹两岸众多人文景观，组成了令人流连忘返的沽上美景。站在画前端详，可以直观感受到，水扬清波、直奔大海的海河就是整座城市的生命之源。

"津渡"，巾箱本，特别适合边走边读。漫步街巷与河畔，探寻蕴藏其中的城市文化精髓，可以得到一种满足、一种惬意、一种充实、一种厚重、一种遐思。在传统文化与现代精神的互动中，深入认识这座城市的文化创造力和当代价值追求，以及丰厚滋润的精神归宿，用阅读修养身心。

2019年1月，习近平总书记在天津视察时，作出了"要爱惜城市历史文化遗产，在保护中发展，在发展中保护"的重要指示。

"阅读天津"系列口袋书的出版，是传承发展中华优秀传统文化和守护城市文脉的生动体现，也是悠久历史文化与壮阔现实巨变的聚汇融通，更是深入贯彻习近平总书记重要指示精神的切实行动。爱惜和保护，让我们的城市敞开心扉，留住乡愁；创新和发展，让我们的城市充满生机，万象更新。

正是在这个意义上，热切期望"阅读天津"系列口袋书其他各辑，也能早日出版面世！

（主编系著名历史文化学者、天津市社会科学院研究员、天津市文史研究馆馆员）

HOW TO READ TIANJIN

FERRY CROSSING

水孕津沽

沧海桑田，世事变幻，而我们的城市六七百年来长存不息，成长至今——这是因为流淌在身边的滔滔之水，这岁月之河，从未改变。

撩开时间的长发，我们会惊异地发现，汇集和养育了我们的这座城市，却源于一个不大的军事据点"直沽寨"。早在七八百年前的宋金时代，"寨"是军事据点的通名，那么何以用"直沽"二字冠在这通名之上呢？尽管我们周围有那么多的"沽"（古来即有"七十二沽"之说，实际上何止"七十二"之数），但翻遍了古今字典，却找不到"沽"的确切含义，倒是明末清初的一位叫谈迁的历史学家在考察了天津之后，得出了一个令人信服的结论："凡海上傍水村落俱曰沽。"哦！原来我们的城市是依河傍海而生的；那时候，连今天的渤海湾也被称为"直沽洋"，怪不得几百年来，"直沽"一直是我们这座城市的代名词呢。

在平坦开阔的华北平原上，唯一一条通向大海的清流，就从我们身边经过。在大自然中，林无静树，川无停流。千百年来，这条清流因与举世闻名、绵延数千里的大运河，与水天之间云飞浪卷的大海紧密相连，得以形成生命力强大的历史杠杆。就在直沽寨消逝后不久，海津镇诞生了。"海津"，多么形象的名字，它说明，我们生活的地方是一片河海通津的冲要。难怪这条流淌在我们身边的岁月之河最终定名为"海河"，因为它确是上游诸水通海之河。试想，如果没有这样一条通海之河，如何能使一个"夕阳野饭烹鱼釜，秋水蒲帆卖蟹船"的小渔村，最终演进成现代化的国际港口大都会呢？2003年，海河市区段的东南，建了一座气吞长虹的大桥，因其极大方便了市区与滨海地区的联系，因此命名为"海津桥"；也可以说，这是一座沟通了历史与现实的桥梁，以"海津"命名，仿佛使遥远的岁月变得近在咫尺。

　　广袤、深沉、洒脱、自由的河海之水，虽然带走了久远的岁月，却又带来了我们的思念与思考。直沽寨，海津镇，天津卫，这些极具质感的名字，哪一个不是与"水"紧密相连？这是无法改变的岁月凭据。试想，历史上如果这里没有了水，我们的城市就不会诞生。水是我们城市的摇篮，水是我们城市的血脉，水简直就是我们城市的生命所系。

水，是我们城市与生俱来的灵魂，是感悟我们城市生命的通道。海河中亮丽闪光的涟漪，渤海上饱含深情的浪花，不仅是美的释放、爱的渲染，还为我们的城市带来了沟通五洲四海、繁荣昌盛的港口经济，为我们的城市淘洗出源远流长、底蕴丰厚，具有开放、多元、包容性格的地域文化，而且至今还在为我们塑造着激发活力、与时俱进的城市品格。

水，更与我们这座历史文化名城密不可分。因为河、海之水造就了我们的城市，才使她有资格、有能力成为首都的出海口和东大门。近百年来，也正因为这一点，我们城市的命运才与国家、民族的命运紧紧维系在一起。不是吗？在近代中国，每一件历史大事几乎都要进入我们身边的河与海来演绎和彰显。在一定意义上，我们的历史不过是河的记忆、海的结晶，在时空上虽属过去，在价值上却为永恒。水，赋予了我们不息的憧憬——不但孕育了我们的情感和记忆，还在孕育着我们意蕴醇酽的将来。

罗澍伟

2022年9月

目录
CONTENTS

01
黄河北徙
三会海口

2

02
先有直沽寨
后有天津卫

18

03
先市后城
依河而兴

40

04
近代百年
看天津

58

05
一定要
根治海河

138

06
扁担两头的
"津城""滨城"

172

07
河的记忆
海的结晶

180

后记
191

三岔河口航拍图（张磊摄）

黄河北徙
三会海口

1153 年，北京正式建都，至今已有 800 多年的历史。

此前，中国的政治、经济重心一直在黄河流域，但是到了 800 多年前，中国的政治重心移到了燕山平原，经济重心则移到了江南地区。坐落在燕山平原迤南、海河之滨的天津，开始成为保障首都繁荣发展、同首都安危与共的"东大门"。

这是一个繁复的历史过程。要想说清楚这个问题，我们还要从海河的形成与变迁，以及在这种变迁之中反映出的历史发展大趋势说起。

大凡有地理知识的人都会知道，比起中国的其他大江大河来，海河的干流很短，经过历史上多次的裁弯取直，如今，海河干流只剩下 73 千米了。尽管如此，海河上游却是支流繁多，流域总面积达到了 31.82 万平方千米，是一个非常典型的扇状水系，也是中国的五大水系之一。海河的河身并不宽大，但却是"九河下梢"。所谓"九河"，只是言其多，直接进入海河入海的，不过是五大河流：南运河、北运河、大清河、子牙河、永定河。南北运河交汇海河之处，成为海河的源头，也使海河成为大运河北端唯一一条可以直接通海的河流。

航拍三岔河口（张建摄）

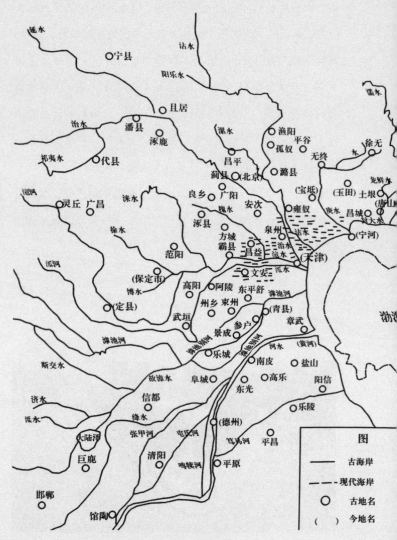

西汉时期泒水流域示意图（天津市城市建设档案馆馆藏）

海河的形成，与3000年前黄河长时期从渤海湾入海关系密切。今天的海河干流，正是随着历史上黄河在渤海湾的造陆进程不断向东延伸，才逐渐在这片冲积平原上形成的。

历史上，黄河先后三次改道到天津附近入海。最早的一次，发生于商朝，至公元前602年迁离。千百年的沉积作用，不断增加了这里的地面高度，流动的地表积水终于在低洼处形成了最初的海河——泒水，也就是泒河的干流。

历史上，黄河流域高度发展的农业文明，一直受到周边地区生产力落后的少数民族的啧啧艳羡，同时也使其产生了觊觎之心。所以从公元前8世纪的春秋时期开始，黄河流域便不时遭到周边少数民族的劫掠，因而在中原政权内部，产生了"非我族类，其心必异"的"华夷之辨"。为了抵御善骑射的少数民族的侵扰，战国时期还演绎出赵武灵王"胡服骑射"的故事；西汉时专门立有"马踏匈奴"雕像，用以警示后人，不要对匈奴放松警惕。正是在这样的历史大背景下，3—8世纪的汉唐时期，天津平原河海冲要的优越位置开始形成。

东汉末年，曹操为北伐乌桓，"患军粮难至"，依僚属建议，于207年"凿渠，自呼沲入泒水，名平房渠，又从泃河口凿入潞河，名泉州渠，以通海"。这里的"泒水"，即今大清河与海河，"泃河"大致相当于今天的蓟运河。

清代学者对平房渠和泉州渠的通航起止做了考证："平房渠在今天津府沧州南，首起饶阳，东至沧州。泉州渠首起今顺天府武清县南，东北径宝坻，北入泃河。"又据《水经注》卷十四"濡水"条记载，与此同时，曹操还开凿了一条西与泉州渠北端相衔接，东至濡水（唐朝以后作"滦水"，即今河北省东北部滦河）的运渠"新河"。这样，载有大批军事物资的船只，便可由今河北省中部地区各河进入平房渠，转入泒水；再由泒水入泉州渠、新河，经濡水到达河北北部山区。当时，天津平原的海岸线尚在泉州渠南端附近，出入海口十分方便。所以随着平房渠与泉州渠的开凿，处于中转地位的泒水，也就是后来的海河，从东汉末年开始，成为河海运输的冲要之地。

魏晋时期，泒水与泉州渠交汇处的泒水北岸，兴起了一座以海水煮盐的港口——漂榆邑，西晋时赵王石勒在此筑城，当时也叫角飞城，派专人在此管理煮盐。新中国成立后，考古工作者在今军粮城附近的西南塨，发掘出汉代遗址和晋代青瓷等文化遗存，证明此处曾系人口集中的地方。

从4世纪初的"八王之乱"，到5世纪初东晋灭亡，百余年间，匈奴、羯、氐、鲜卑和羌五个少数民族，陆续在黄淮以北建立了十几个政权，史称"五胡乱华"。这是历史上中原地区最大的一次动乱，一方面给社会生产造成了极大的破坏，另一方面又促成了中国历史上第一次民族大融合。

581年，隋文帝杨坚建立隋朝，589年，统一全国。为方便经济流通，开凿了沟通黄河与江淮流域的大运河。618年，唐高祖李渊推翻了隋炀帝的统治，建立唐朝。其实，无论隋文帝，还是唐高祖，都有着西北或北方少数民族的血统。

初唐时，国力强盛，气象博大，中国成为当时世界上最为繁荣昌盛的国家。值得注意的是，隋唐时期的大运河，基本上是与黄河、淮河平行的东西走向，只有北端的永济渠，才是东汉时平虏渠的南向延长。因此，对北部边陲用兵所需的物资，只能由南省走海路，进入渤海湾西岸的沽河尾闾地区，再进入鲍丘水和永济渠，才能抵达。

当时，运船在进入鲍丘水之前，需经过一段险滩，海难时有发生。为此，706 年，沧州刺史姜师度沿泉州渠重开一渠，也叫平虏渠。这样，大批运船到达渤海湾西岸附近便不再北驶，而是入沽河口，再经新开凿的平虏渠，进入鲍丘水，从而减少了海难的发生。天津平原作为河海运输中转枢纽的地位，也因此进一步巩固下来。

从江南地区海运粮帛，至北边军事重镇渔阳（今蓟州区一带），以解决防军的军需供应问题，约始于 8 世纪唐代开元年间。大诗人杜甫在《后出塞》和《昔游》中，记录了这种大规模海上运输的状况：“渔阳豪侠地，击鼓吹笙竽。云帆转辽海，粳稻来东吴。”“幽燕盛用武，供给亦劳哉！吴门转粟帛，泛海陵蓬莱。”如此众多的海运物资，必须有一个较大的港口进行接纳。据研究，这个港口就是当年坐落在“三会海口”的军粮城。《天津卫志》说：“军粮城在城东南，去城七十里，元海运为屯粮之所。”19 世纪初纂修《长芦盐法志》时，“周遭遗址尚存”。

位于蓟州区城中心的鼓楼（图片来源：视觉中国）

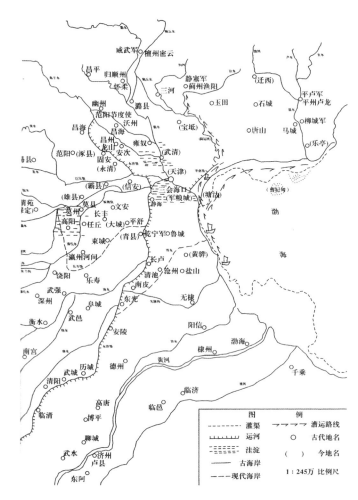

唐代"三会海口"地图（天津市城市建设档案馆馆藏）

这种地望的形成，不但为沽河尾闾地区早期聚落的出现创造了条件，也为这一地区成为河海交融、南北汇合的重要交通通道的形成，打下了良好基础。据唐朝人杜佑《通典》记载："渔阳郡东至北平郡三百里，南至三会海口一百八十里。"渔阳郡是唐代海运的终点，既然与"三会海口"之间注有方位，计有里程，说明两地必有密切的联系。

1959年，考古专家在军粮城刘台村西南，发现有唐代文化遗存，经研判，应系始建于唐代早期的古城遗址，周围分布着丰富的唐代文物，如瓷器、陶器、铜器和各种建筑材料等，以及众多的唐代墓葬。其中，有一座规模庞大的唐代墓葬，中有大理石棺一具，上刻青龙、白虎精美浮雕；随葬器物有铜器、瓷器以及大批制作精美的陶俑、陶制家禽家畜和日用家具模型等。

其实，在天津历史上，很多唐代遗物就曾被偶然发现过。晚清郝福森所写《津门闻见录》中就记载了这样一个故事：军粮城附近"土人刘姓挑濠，掘出石棺一，极大，上以三道铁匝匝之，并有两大瓷人站立，此葬之极贵者也"。这说明，唐代的军粮城一带相当繁荣，并且居住着富庶之家。

2021年，天津考古部门对军粮城遗址开展了考古发掘工作，完成发掘面积8000平方米，发现一处唐代大型夯土台基和唐代制盐作坊区，证明了这一带制盐历史的悠久。

2021年，考古工作人员在军粮城遗址发掘现场（甘才超摄）

"三会海口"的出现，也表明了天津城市的建立的确源于河海运输的日益发展，源于河海冲要优越位置的日渐彰显。然而，受各种因素的影响，"三会海口"最终未能成为天津城市生长的基点。究其原因，一是唐代漕运持续的时间并不长，只有百余年的时间，所以漕运文化对"三会海口"的影响，没能积累下来。二是宋、辽在"界河"（今大清河及海河一线）两岸对峙100余年，使"三会海口"失去了原有的南北转运功能。三是在1048年，黄河改道北流，在天津平原形成了巨大冲积扇，使"三会海口"逐渐远离了渤海湾。

隋唐以来，海河流域变迁的背后，折射出中国历史发展趋势的变迁，以及黄河流域政治生态的变迁。从此，天津平原的政治地位，开始逐步得到提升，直到 13 世纪的元代，这种情况发生了更为明显的变化。

2021 年，考古工作人员在军粮城遗址发掘现场（甘才超摄）

960年，赵匡胤建立了宋朝。从宋朝开始，黄河入海口南移，从此，天津平原不再有黄河之患，海河干流也开始稳定下来。

宋朝始终没能统一中国。我们可以理解为，此时的中原政权已不具备统一黄河流域以北地区的能力。天津平原上的大清河、海河一线，成为宋辽、宋金南北对峙的前沿阵地，所以海河、大清河当时被称为界河。为抵御辽兵南下，宋军把界河一带的塘、泊、洼、淀连接起来，形成了一条"深不可舟行，浅不可徒涉，虽有劲兵不能渡"的"软边"防线。

与此同时，双方分别在界河南北两岸险要处，设立了众多的军事据点寨、铺……其中泥沽、小南河、钓台、独流、当城、沙涡、武清等诸多寨名，作为历史的凭证，留存至今。

宋代界河两岸的寨、铺地图（天津市城市建设档案馆馆藏）

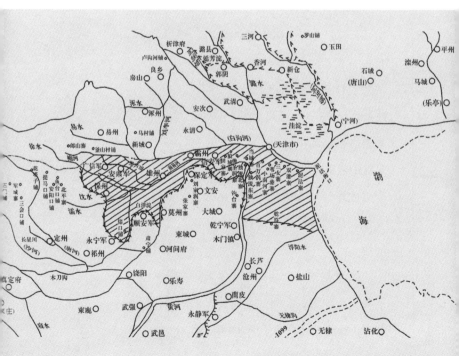

"靖康之变"后，中国的政治重心已悄然北转。

辽朝虽然兴起于辽河上游，但在取得燕云十六州之后，立即把幽州定为陪都，称"南京幽都府"（1012年改号"析津府"，人称燕京，在今北京西南），在辽朝所设立的"五京"中，规模最大。

辽朝本为游牧民族，所产金、银、羊、马、橐驼之属为宋朝所必需，且占有煮盐之利。宋朝是高度发展的农业社会，商业、手工业发达，物质生活水平高，缯帛、漆器、茶叶、香料、稻糯和书籍等，对辽人具有足够的吸引力。南北贸易，势在必行。今天的海河、大清河地区，成为双方最合适的经济交往窗口和贸易集散地。

12世纪初，金朝兴起，北宋先是联合金朝灭辽，而后金朝又灭了北宋，海陵王完颜亮于1153年迁都燕京，并定名中都，从此，北京开始成为中国的首都。

金朝的迁都之举，不是偶然的历史现象。

这是因为，当时的政治局势已初步显示出，燕山平原已经发展成联系中原地区、东北地区和蒙古草原的枢纽，在燕山平原建立政权，极便于最高统治者行使统治权力，以达到统一和稳定全国的目的。换言之，哪个政权能够掌握燕山平原这一中国的政治重心所在，哪个政权就有资格、有能力、有条件统一中国。历史上，来自这三大地区的不同民族，先后以北京为中心统一了全国，就是明证。

作为首都，北京也有其不足之处。一是周边地区的经济发展水平不高，无法供养一大批不直接从事生产的城市人口；二是作为内陆城市，缺乏天然的港口。

从历史上看，要想解决这些问题，应该是有基础的。

第一，自东汉末年以来，燕山平原一带的军需供应，一直是靠中原或江淮一带——物产通过海路加河道调拨转运而来。宋代时为避免运粮漕船进入界河后遭受辽兵袭击，重新疏浚了隋代开凿的永济渠，经霸州信安，北上涿郡，可以抵达燕京。

金王朝迁都之后，从1165年起，开始利用隋唐时期大运河北部的永济渠运送漕粮，每年分春秋两季，雇用挽漕运夫，自山东、河北等地运送数十万石至百余万石粮食到中都。但这种运送方式只维持了40年，因永济渠的淤塞不能行船，而不得不另谋他策。

第二，由于天津平原这时已经成为距北京最近的河海通津之地，从整个区域形势上看，不但可以成为北京的外港和出海口，也是南漕北运最理想的转运枢纽和储备基地。

为此，金章宗完颜璟于1205年亲至霸州，"以故漕河浅涩"，命令尚书省征调山东、河北、河东、中都等处军夫6000人，疏通和开凿了旧有的坑塘河道，由静海独流经由柳口（今杨柳青）东折，

金王朝时期的直沽寨地图（天津市城市建设档案馆馆藏）

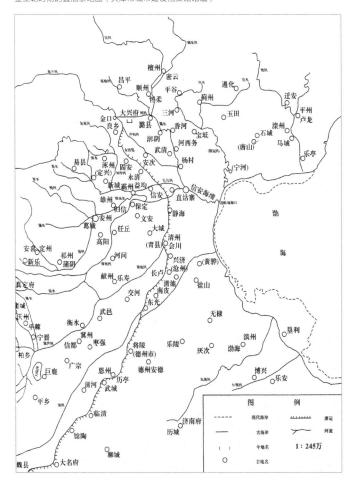

檀州　密云
昌平　顺州　平谷　蓟州　遵化
怀柔　三河　玉田　迁安　平州
金口　大兴府　潞县　香河　宝坻　石城　滦州　卢龙
良乡　郎阴　河西务　马城　乐亭
易县　武清　（唐山）
涿州　安次　杨村　（宁河）
（定兴）固安　永清　益均　信安海壖　渤
雄州　新城　霸州　信安　直沽寨
归信　保定　海
安州　文安　静海
葛城　任丘　大城
高阳　清州会川
安喜　定州　河间　（青县）兴济　（黄骅）
祁州　献州　乐寿　长卢　沧州
新乐　蒲阴　交河　清池　盐山
真定府　南皮　无棣
武邑　东光
衡水　冀州　枣强
平棘　宁晋　将陵　乐陵　厌次　渤海　滨州　垦利
柏乡　信都　（德州市）
巨鹿　广宗　恩州　历亭　德州安德　博兴　乐安
平乡　清河　武城
临清
馆陶　济南府
聊城　历城
魏县　大名府

图　例

- - - -　现代海岸　　　　　　　漕运
─────　古海岸　　　　　　　河流
（　）　今地名　　　　1：245万
○　　　古地名

至海河源头的直沽（大致相当于今日南运河的河北省及天津
市段，通称卫河），再由直沽进入笥沟（明清时期的潞河，
通称北运河），然后北上武清、漷阴（今北京通州），达于
中都。从此，作为海河源头的三岔河口地区，开始形成南、
北运河的衔接交汇处的直沽港（据著名城市地理学家侯仁之

今日三岔河口风光（张建摄）

先生研究，"潞、卫二水合流之处，自初即曰直沽"）；今日的海河，也开始成为大运河北端唯一一条可以直通大海的河流。

　　大批漕粮通过今南运河驶抵直沽港，必须先"合于信安海埠，溯流而至通州，由通州入闸，十余日而后至于京师"。

天后宫正殿里悬挂着"垂佑瀛壖"的匾额（张建摄）

这里所谓的"合于信安海壖"，也就是让漕船装载的粮货，先在"信安"附近有大片平地的河岸旁集中，然后换载平底小船，才能进入河身窄、河水浅的北运河，溯流而上，经通州到达北京。如果从当时海河上游的地理环境，以及日后元代漕船大批集中于三岔河口的情况来考虑，"信安海壖"即应在直沽港的三岔河口一带，因为只有这里，才最适合大量船只的停泊、中转。所以，直到今天，在天津天后宫的正殿里，仍然悬挂着"垂佑瀛壖"的匾额。

此后，直沽的地位对金朝来说日益重要，大约在1214年设立了直沽寨，派驻都统和副都统前往戍守。寨，无疑是沿用了宋辽时边界军事据点的旧称；而沽呢？尽管前人对沽的解释不能一致，但有一种说法是可取的，即"傍水村落叫沽"。根据金朝的兵制，都统可领兵4800人，副都统可领兵2400人，金朝在直沽寨驻扎这么多的军队，可见这个军事据点对于金朝来说有多么重要。

从时间轴来观察，1153年北京正式建都，1214年天津最早的名称"直沽寨"始见于历史记载，这半个多世纪的时间差，正是天津与首都关系的真实反映——如果没有北京的建都，就不会有天津的出现；如果没有天津作为保卫首都的"东大门"，北京的繁荣和安全就没有保障，可以说二者是"一荣俱荣，一损俱损"。

直沽港区的出现和直沽寨的建立，奠定了天津城市发展的基础。

自东汉以后，天津地区仅仅是作为航运枢纽而存在的，联系范围也仅限于北方的渔阳一带。但从金代开始，天津地区的这种地位发生了深刻的变化：沟通南北的大运河，开始成为首都和国家的经济命脉；天津地区作为河海航运的枢纽地位，也开始同首都和国家的安危、繁荣密切地联系在一起。金、元、明、清时期，国家越稳固，南北交通越发达，首都越繁荣，天津城市的成长也就越快，仅凭这一点，就足以反映出天津城市发展同首都北京的密切关系。

直沽寨是天津城市发展过程中最早出现的正式名称，影响也是至深至远。直至清初，"直沽"一直被广泛应用为三岔河口一带的主地名；尽管明朝在附近设立了"天津卫"，也只是在直沽所设的一个军卫而已。近年来，历史学者结合民间传说初步认定，金代的直沽寨，很可能就设在元代的海运终点大直沽。所以，民间一直流传着"先有大直沽盐粮兵屯，后有天津卫干戈拱北"的说法。

就在金和南宋两个王朝打得不可开交之时，漠北草原一个马背上的民族——蒙古族勃然兴起，先灭金，后灭南宋。1272年，元世祖忽必烈决定改金中都为大都，并定为国都。

当时，由江淮地区到达大都的交通运输路线不外乎两条。一条自南而北，继续疏浚和利用金代的大运河，形成一个由海道、陆路运到山东，再由临清进入南运河的漕粮运输"接力队"，然后经直沽进入北运河、通惠河，终点为大都城内的积水潭。但是，这一接力式的运输成本过高。

另一条便是海路。1282年，元朝丞相伯颜提议，把每年自江南地区征集的漕粮，分春秋两季北上，"沿海求屿"，试走海路运输。经过试验并修正航线，海路运输非常成功，"舟行风信有时，自浙西至京师，不过旬日而已"。于是海运漕粮成为元代定制，运量也年年递增，最初仅4650石，后来竟达352万余石，猛增至700多倍。据计算，河运较陆运节省运费十分之四，海运又较河运省十之七八，对于元朝来说，"民无输挽之劳，国有储蓄之富"。

大量的粮食和物资自江南地区运抵大都，无论是通过运河，还是通过海路，在进入河身狭窄、河床水浅的北运河之前，都要在南、北运河与海河交汇处的直沽进行交卸转运，换载平底小船，然后才能进入北运河，"晓日三岔口，连樯集万艘"，"漕运粮储及南来诸物商贾舟楫，皆由直沽达通惠河"。

大批漕船的到来，极大地促进了天津城市的形成与发展。所以，自金元以来，直沽即以其河海运输不可或缺的优越的中转地位脱颖而出，成为"海运商舶往来之冲"，漕船聚泊，水手云集，促进了直沽地区发达的粮货集散贸易，在三岔河口附近的南运河南岸和海河西岸，率先出现了繁盛的集市。所谓"一日粮船到直沽，吴罂越布满街衢"，三岔河口附近开始成为繁华热闹的市区，海河岸边的直沽，初步形成了一座兼有交通、仓储、行政、军事、屯垦、商业等多种功能的首都辅助性城市。元代也成为天津城市成长过程中承前启后的关键时期。

有这样一个故事，1343年，元朝官吏任意在直沽拦截商船，并向船上的商人索取重贿，结果造成商船"狼顾不前，使京师百物踊贵"，可见这时作为商业枢纽的直沽，对首都大都来说已是多么重要了。

直沽近海，从元代起，这里盐业生产也发展起来，元朝在这里设有三汉沽和大直沽两个盐场，所产盐斤，通过河路运往大都及各地，进一步活跃了直沽一带的经济。

为保证大批海运漕粮抵达直沽后的安全，届时，要派出皇帝身边的镇遏军前来弹压。镇遏军在直沽的常设机构，为临清御河运粮上万户府所属的镇抚司。此外，元朝还派兵在直沽屯种戍守，并于1316年设置了海津镇，派副都指挥使伯颜扼守。"海津"一词的出现，反映出元朝对直沽所处的"河海通津"的重要地位有了深刻的认识。

位于海河东路上的"元海津镇"牌楼（张建摄）

从元代开始，海河对天津的发展，已发挥出无可替代的作用。

海河，不但决定了天津作为港口城市的发展道路，而且为天津带来了传承至今的妈祖文化。换言之，元代漕运文化对天津的影响主要表现在妈祖文化对天津城市和地方文化的持久影响上，这在北方沿海城市中是不多见的。

元朝的漕粮海运，由于受到各方面条件的限制，危险性很高，越洋出海，有去无回的事情经常发生。元朝统治者为稳定水手、舟师、舵工等人的心理，于14世纪初，在接运漕船最为集中的大直沽，率先修建了南宋时出现的海运保护神天妃（妈祖）庙灵慈宫，这就是民间所说的"东庙"。据《元史》记载："惟南海女神灵惠夫人，至元中（大约在13世纪80年代），以护海运有奇应，加封天妃神号，积至十字，庙曰灵慈。直沽、平江、周泾、泉（州）、福（州）、兴化等处，皆有庙。皇庆（1312—1313）以来，岁遣使赍香遍祭……"但不久大直沽的灵慈宫即毁于大火，于是又在三岔河口的海河西岸，另修建起一座天妃庙，即今日的天后宫，民间称为"西庙"。

大直沽的天妃宫于 1326 年重修，但在 1900 年八国联军侵华战争中，遭到严重破坏。1998 年，天津考古工作者在大直沽发掘出具有明显地层关系的元代文化堆积层，从依次叠压的地层中，可以找到一些零散的宋代或更早

元明清天妃宫遗址博物馆内名为《海洋神话》的壁画（局部）

的文化堆积，也是天津市区发现的文化堆积层最厚、层次最清楚、年代最久远的古代建筑遗址。国家文物局的考古专家组对于这次考古发掘给予高度评价："大直沽是天津历史文化名城的原生点……天妃宫遗址则成为这个原生点的标志。"证明了大直沽确是天津市区现存最早的聚落遗址。

元明清天妃宫遗址博物馆内模拟当时考古现场的地层剖面

元明清天妃宫遗址博物馆内的妈祖铜雕

　　大直沽天妃宫遗址现已建成"元明清天妃宫遗址博物馆"，中央大厅直接展示了考古发掘出土的元代建筑基址，以及明清时期天妃宫的大殿基址。

明清时期，天后（天妃）诞辰祀典活动多集中于东门外的天后宫，《津门杂记》说："天津系濒海之区，崇奉天后较他处尤虔。东门外有庙宇一所，金碧辉煌，楼台掩映，即天后宫，俗称娘娘宫。庙前一带，即以宫南、宫北呼之。向例此庙于十五日启门，善男信女络绎而来。神诞之前，每日赛会，光怪陆离，百戏云集，谓之皇会。香船之赴庙烧香者，不远数百里而来，由御河起，沿至北河、海河，帆樯林立，如芥园、湾子、茶店口、院门口、三岔河口，所有可以泊船之处，几于无隙可寻。河面黄旗飞舞空中，俱写'天后进香'字样。红颜白鬓，迷漫于途。数日之内，庙旁各店铺所卖货物，亦利市三倍云。"这一记载生动说明天后宫妈祖文化对天津和周边地区的深刻影响，以及妈祖文化对天津城市经济的拉动作用。

由于海河是一条"河海通津"的河流，所以作为海洋文化标志的妈祖文化，七百多年来在天津绵延不断，传承至今。如今，天津的天后宫已被列入"世界三大妈祖庙"之一，特别是祝贺天后诞辰的"皇会"，在全世界港口城市中已属鲜见，几乎是硕果仅存。

元明清天妃宫遗址博物馆外景

先市后城
依河而兴

运河贯通南北，海河连接渤海与陆地。天津城市开放包容的特点有一个很有代表性的象征：天后宫。天后宫供奉妈祖，妈祖本是东南沿海地区的信奉，但却在天津出现和延续，这其中，就隐藏着天津城市发展的密钥。

明朝人总结元朝直沽兴盛的原因时说："元统四海，东南贡赋集刘家港，由海道上直沽，达燕都。舟车攸会，聚落始繁。有宫观，有接运厅，有临清万户府……又北为仓上，为南仓，为北仓，元朝储积之地。"

雄县界

保定府
蠡县界

大城文安县界

任丘县

河间府

唐宁县

濂沱河

接驾林

献县

濂沱河

交河县

王家集

阜城县

老减河

景州

三郎镇

故城县

沟头镇

南皮县

东光县

运河

吴桥县

包头店

宁津县

德州界

西沽

杨柳青

子牙

齐县

景河镇

杜林镇

沧州

大王庄

静海县

陈家屯

唐官屯

乌藏汛

陈缺屯

兴济镇

韩家庄

同居镇

韩村

褚村

盐山县

羊儿庄

庆云

棣

天津卫

郑家窑

新桥

南阳马头

张家井

咸水沽

葛沽

海神庙

大沽

郝家沽

山东济南府海丰县界

明代天津三卫疆域及屯堡分布示意图（天津市城市建设档案馆馆藏）

　　"舟车攸会，聚落始繁"这八个字，虽然指的是大直沽，但从广义上理解，可以说是形象地写出了海河对早期天津城市形成所起的巨大作用。城市地理学认为，在水陆交通的交接点处，最易出现城市，所以，金元时期的直沽港区，应是孕育日后天津城市的胚胎。

　　关于城市的起源和发展，一般来说，有两种类型：一种是计划建造的城市，多依照统治者的需要，有计划地修筑。这类城市行政功能强大，缺乏自然发展活力，被称为"有城垣的城市"。另一种是自然发展的城市，多因贸易或生产需要发展而成，城址地势平坦，邻近河流或交通孔道，运输方便，市区没有壕墙、城界，是开放型的，这类城市多具发展的内在动因，被称为"无城垣的城市"。

若用这两种模式考察天津城市的成长，我们会发现，天津应属于后一种类型。

传统观点认为，15世纪初明朝设卫筑城，天津得名，城市也开始形成。其实，这是把城垣的修筑与城市的形成等同起来了。天津作为一个具有多种职能的城市，至迟在金、元两朝即已形成。卫城修建等非经济因素，固然给天津城市的成长带来了影响，但这种成长始终没有受到卫城的制约，仍然是沿着经济最活跃的南运河南岸与海河右岸交汇处的河岸地区自然延伸。开埠前如此，开埠后依然如此。

1404年，永乐帝朱棣以直沽是"海运商舶往来之冲，宜设军卫"。朱棣在称帝前，长期镇守北平，自然知道直沽的重要性。

天子津渡遗址公园内的燕王塑像（张建摄）

天子津渡遗址公园内的碑石（张建摄）

1400 年，直沽还是朱棣发兵南下经过的渡口。有鉴于直沽在军事上和交通上的特殊地位，朱棣于 1404 年在直沽设立军卫，并赐卫名"天津"，第二年又开始修筑卫城。有文献记载说，"我文庙入靖内难，自小直沽渡跸而南，名其地曰'天津'"，"立为今名，则象车驾所渡处也"。朱棣渡河的地点，在天津卫城北门外的南运河畔，当年两岸建有"龙飞""渡跸"牌坊，以志纪念。

"龙飞""渡跸"牌坊图（张建绘）

1986年，百年估衣街展新貌（王志贵摄）

2010 年的估衣街（蔡志文摄）

　　明朝在天津设有左、中、右三卫。"卫"在明代是一种军事建制，只负责从天津至德州南运河两岸的军队屯田基地"官屯"，并不涉足地方行政事务。所以在规划、建设卫城的时候，有意识地避开了三岔河口以西繁荣的锅店街和估衣街，以及三岔河口西南沿海河形成的商业区和市区中心——宫北大街和宫南大街，而是采取了"局部封闭，总体敞开"的原则。

　　修建天津卫城时，选择了三岔河口西南的一片旷野荒郊，"披草莱而立城"，对三岔河口附近繁华的沿河地带，不会造成任何妨碍，仍旧可以保持南、北运河与海河密切联系的状态。也可以说，天津城的"总体敞开"，就是一种直面运河、直面海河的"敞开"，对于金元以来直沽形成的"北迄京师，南扼千万里之通津，而东为溟海捍蔽"的河海冲要地位，不但毫无影响，而且起到了有力的保障作用。

　　在城市平面、特别是中心市区的发展上，明清时期依然和元代一样，沿海河源头的西岸向下延伸，"万灶沿河而居"；在这片区域里，"百货交集"，"商贾辐辏，骈阗逼侧"，"素封巨室，率萃河干"。所以至今天津人也不把卫城看作天津的发祥地。1985 年重修宫南、宫北大街时，宫南大街入口的牌坊匾额，就题为"津门故里"，可见在天津人心里，天津最早就是依河而生、依河而长的内河港城市。

而作为军事指挥中心和后来行政管理中心的城池，除了军政衙署，"屋瓦萧条，或为蒿莱"，城内四角，尚为4个大的水洼。明朝弘治年间，先后在城内外设立了10个集市，5个设在城内的集市不见发达，而在城外沿河地区的5个集市却日益兴旺。

这些现象证明了历史上的天津城市，是"先市后城，市在城外"发展而来的。当时虽然建成了天津卫城，却始终没有成为天津城市生长的基点，也不具备发展为中心市区的条件；其他种种非经济因素的存在，亦未能扭转天津城市与生俱来的沿河发展的"无城垣城市"的特色。所以，在天津人的口语里，往往用"城厢"代表天津，"城"指明初修建的卫城，"厢"则代表了金元明清时期沿河发展起来的商贸繁华中心，"城""厢"合在一起，才能完整反映出天津城市的总体面貌。

有明一代，朱棣对于北平府和直沽地位重要性的认识，确有其过人之处，集中表现在以下几个方面：1403年改北平为北京；1404—1406年，先后在直沽设天津三卫；1415年全线沟通南北大运河；最终，不顾臣下反对，于1421年迁都北京。

海河上的直沽桥（张建摄）

明朝在大运河设有运船11770艘，运军12万人，每年通过运河可运送400万石漕粮到北京，规模比元代大得多，不但在直沽建立了更多的仓廪，而且在卫城设立户部分司，主管仓储的收放。为了稳定漕船运军的职业与生活，明朝于15世纪中叶规定，允许每船免税附载土特产品60石，如果加上商船，每年至少可把100万石的南方土特产品运到北方。清代的漕船和运军大致维持此数，但每船携带的免税土特产品增加到150石，漕船余米，亦可照市价买卖。可以说，明清时期的运河，已经成为沟通南北物资的重要商路，运河上的运军和船夫，则变相成为商队。

史载，在15世纪初，直沽已为商贩所聚之处，到16世纪初更加繁盛，"天下粮艘、商船鱼贯而进，殆无虚日"。直沽居民的日常生活用品，诸如鱼盐螺蛤、絮帛粟稻、曲纸板木、薪藁酱醯之属，更是源源不断运到这里集散，不少行商因而变为坐贾。有明一代，直沽已经发展成为运河北端的著名商业城市。

明代中叶以后，海河干流汇众流入海的重要地位开始稳定下来，整个海河流域经过不断治理的各河河道在行洪期间也开始稳定下来。17世纪初，科学家徐光启在天津海河岸边进行农耕实验，并写下了《农书草稿》（《北耕录》），其中第一篇《粪壅规则》（见《徐光启著译集》第十一卷）最早提出"天津海河"的名称。从此，海河一改过去的沤河、直沽河、沽河等名，开始有了形象、准确和固定的正式称谓。

明代在全国所设内卫、外卫数以百计，只有天津城市在设卫时期取得了长足的发展和进步，所以至今天津人一直把天津叫作"天津卫"，称自己为"天津卫的娃娃"。

清朝建立后，以"八旗"为劲旅，"卫所制"逐渐被淘汰，官兵被改编为"绿营"。在这种情况下，先是在1652年将天津"三卫"合而为一（天津左卫、右卫归并天津卫），继而于1725年改天津卫为天津州，原辖屯庄并入附近各县，卫城周边村庄拨归天津州管理。同年升天津州为直隶州，辖静海、青县、武清三县，直隶州的行政层序与"府"平行。从此，"天津"作为中国传统社会一座城市的名称正式取代了"直沽"，成为正式地名，"直沽"反而成了"天津"的别称。

　　1731年，清朝又根据直隶总督的建议，以"天津州为水陆通衢，五方杂处，事务繁多，办理不易，请开州为府，附廓置天津县"。

民国时期的北大关

　　早在康熙年间，已将设在北运河旁的钞关（常关）由京津间的河西务，移至天津北门外的南运河北岸（俗称"北大关"）。这里，"北为赴京师大道，运河逶迤其间，商旅辐辏，屋瓦鳞次"，驶到天津的运河商船和闽粤海船等都要先来这里停泊，等待验关。尤其是闽粤船队，货重船巨，停泊时"连樯排比，以每船五十人计之，舵水人等当在一万上下"。因此，当年的"北大关"很快发展成南北商货的集散码头，各种专门性的街道和市场纷纷出现。在北门外大街的东西两侧，街市林立，形成"津门外第一繁华区"。而且，这里很快与东门外的宫南、宫北大街连成一片，形成"房屋林立，相连数里"的"环城通衢"，也成为天津最为繁盛的商业中心区。

随着天津城市的繁荣，城西南运河"帆樯云集，负缆者邪许相闻"，海河东岸也开始得到发展。雍正时期，长芦盐的屯储处移到河东，使河东地区成为一望无际的"盐坨"。乾隆时期又解除粮禁，"天津米贵辽东贱，船来船去飞如电"，辽东粮豆从海上大批运到天津，"米舶盐艘，往来聚焉"，河东的粮店业也兴盛起来。

清朝创设了新的行政分等制度——"冲繁疲难"制度。"冲"即地处冲要，"繁"即事务繁多，"疲"即民力疲惫，"难"即难于治理。凡四字都占的地方官，为"最要缺"或"请旨缺"：知府人选，要由军机处将奉旨记名人选进单请旨，由皇帝钦定。"地当九河津要，路通七省舟车"的天津府、天津县均属四字占全的"最要缺"，而天津府则属"最要缺"中的"请旨缺"。在全国范围内，当时与天津府、天津县地位相同的只有一处，那就是长江与汉水交汇处的"九省通衢"武昌府和所属的汉阳县。

而在天津城垣之内，依然是官署、学宫的所在地和居民区，日常生活供应完全依赖城外的商业服务区。所谓"民无宿粮，地无井泉，每日水、米，均恃城外接济。所有富商大贾，百货居集，均在城外"。

由于天津城市一直沿河发展，而且不具备"有城垣城市"的那种封闭性特征，所以在第二次鸦片战争期间，"偏安一隅"的天津城垣无法起到保卫天津全城的作用，清军不得不在城外，依地势增筑壕墙一道，壕墙以内，方为需要重点保卫的天津城区所在。

明代中叶以后，由于中国沿海不断受到倭寇的侵扰，早期的西方殖民者也开始进入东南沿海地区，所以从16世纪开始，大沽口一带开始加强防务，修筑炮台。为与天津海口往来沟通方便，清朝还专门从北京修筑了一条"京师通往海口叠道"。所谓"叠道"，就是路面高于地平面的道路，以避免雨季时道路被水浸泡。这条"叠道"也叫"京师通往海口大道"，简称"海大道"，今日天津市区的大沽路，即为其遗存。

近代百年
看天津

1860 年，天津开埠。英国通过鸦片战争，并未完全得到想要的实际利益，于是发动了第二次鸦片战争，从大沽口打到天津，又打到北京。天津开埠后，发挥历史铸就的开放、包容等城市特点，迅速崛起，近代工业交通突飞猛进，文化教育迅速发展，商业贸易蒸蒸日上。在近代百年的时光里，天津犹如一颗耀眼的新星，冉冉升起，引人瞩目。

近代以降，西方侵略者骎骎东向，他们看到，天津是首都北京的出海口、外港和东大门。

　　1793年，英国派遣马戛尔尼使团访问中国，要求开放天津，被清朝拒绝，最终走上了使用武力"打开"中国大门的道路。当时，外国侵略者已经认识到，只要封锁或占领了天津，"比毁灭二十个沿海或边境上的城市还要有效"。这就是后来一百多年里他们执行的路线和遵循的信条。

20世纪30年代的万国桥（今解放桥）（天津市档案馆馆藏）

大沽口炮台（赵建伟摄）

1840 年，英国八艘军舰驶抵大沽口，向清朝递交了"抗议书"，道光帝误判是林则徐在广东严禁鸦片措置失当，造成天津海口不宁，于是将林则徐撤职查办，以致禁烟政策无法雷厉风行地继续执行，最终导致了鸦片战争的失败。

1858 年，英法联军沿海河上驶，抵达天津城外，强迫清朝在城南海光寺签订了《天津条约》。未把天津列入通商口岸，被英国朝野认为是此次侵略战争"政策的失败"。

1858 年到 1860 年，英法联军发动了第二次鸦片战争，其间，三次攻打大沽口，两次占领大沽口炮台，最终，于 1860 年占领天津城，进而攻陷首都北京。咸丰帝率后妃逃往热河，竟死在了避暑山庄。

1860 年，英法联军攻陷北京后，清朝在礼部大堂与英国又签订了《中英续增条约》（即《中英北京条约》），最终把天津开辟为通商口岸，其他各国依"最惠国待遇"，享有同等权利，从此天津对世界开放。在谈判过程中，英国港口专家认为，海河为冬季封冻的内河港，不如选择港深水阔、终年不冻的秦皇岛，但被英国政府否决，坚持开辟天津为通商口岸。由此可见，天津开埠与海河通航，一直是列强梦寐以求的目标。

1900 年，八国联军出兵镇压义和团运动，攻陷大沽口炮台，占领了天津和北京，又强迫清朝签订了丧权辱国的《辛丑条约》，至此，中国完全沦为半殖民地半封建社会。

1937 年，七七事变爆发，日军增援部队自塘沽登陆，北京、天津相继沦陷，中国掀起了全国性的反对日本侵略的民族解放战争。

这一切都说明，北京的"东大门"天津一旦失守，首都北京就会风雨飘摇、危在旦夕。

就在天津开埠的当年，英、法、美三国立即在靠近天津城厢地区的海河右岸紫竹林一带开辟了相互毗连的租界。中日甲午战争以后，德国在美租界之下、日本在法租界之上的海河右岸，分别开辟了德租界和日租界。八国联军占领天津期间，已在天津设有租界的各国，纷纷进行扩张；没有租界的沙俄、意大利、奥地利三国，把它们在海河左岸的占领区，划定为本国的租界。比利时当时没有出兵中国，这时也趁火打劫，在俄租界之下，划定了比租界。

各国租界在开辟之时，为取得自身的发展，无不是沿海河走向划定，而且相互毗连，即从天津城厢东部的繁华区以下，沿海河上游向下延伸。至此，天津海河上游两岸，共设有九国租界；1902年美租界有条件地并入英租界，天津仍有八国租界。一座城市中有如此之多的租界，这在中国、在世界，都是罕见的。

由于海河上游水深港阔，各国租界纷纷在海河沿岸的紫竹林一带修筑停船码头，这就为租界发展成为天津港航运中心创造了条件。外国商人开设的洋行，随着各国租界特别是英、法、日等国租界的发展，也纷纷由城厢迁入租界，促使租界日渐繁华，并取得了城市经济中心的地位。换言之，由于海河与海河水系构成的特殊地理环境，紫竹林港区具备了集散贸易发展的便利条件，所以天津中心市区的发展始终离不开海河。

根据《辛丑条约》，天津城垣于1902年被强行拆除。如果从不平等条约的角度审视，这无疑是损害了民族自决的一种屈辱；但在客观上，城垣的拆除，改变了以往天津发展进程中的不协调状态，消除了城区间的隔阂，方便了市内交通，使天津真正成为一座"没有城垣"的开放型城市。

由此证明，城市发展的自然形态，多半不以人们的意志为转移。

《辛丑条约》签订后，天津旧市区以外那些适宜发展的沿河地带，均为外国侵略者瓜分净尽。所以，从1903年开始，出于天津作为省城的需要，直隶总督袁世凯采用近代城市规划理念，拓建了老三岔河口以北的河北新区，建成了经纬交叉的网格型道路网络，以及官署、学校、民宅、工厂、商店等公用建筑和民用建筑。特别是新区主干线大经路（今中山路），设计标准超过租界，是当时天津最宽的马路。与此同时，又在大经路的北端，开辟了新火车站（今北站），并将京奉、京浦铁路局移设于此。当时的天津河北新区，是中国最早采用近代城市规划方法成功拓展的城市新区。

1902年，拆除天津城垣

市区平面向北扩展后，很快成为直隶省和天津市的政治中心、管理中心、教育中心和文化中心，被称为"河北新世界"。由于河北新区不占有港区优势，城市中心区并未因河北新区的建成而有所转移，仍然保持在传统的北门外以东和东门外以北的沿河一带，然后沿海河右岸，径直向租界区推进。

城市格局的演变，代表着城市性质和作用的演变。

为应对开埠后的新局面，清朝在天津设立了三口通商大臣，管理新开埠的天津、牛庄（后改在营口）和登州（后改在烟台）通商事务，兼办海防。由于三口通商大臣没有统辖地方文武官员的权力，不能适应天津开埠后政繁事多、华洋共处的纷杂局面，所以从1870年起，三口通商大臣被撤销，在天津设立直隶总督行馆，以直隶总督兼领北洋通商大臣，加授钦差大臣关防，管理一切通商事务；除港口封冻期间回省城保定办公外，长期驻津。直隶总督不但有权代表朝廷接见各国使节，签订各种条约，而且可以负责筹建近代国防工业和统率庞大的新式海陆军，权重一时，天津也因此成为清朝进行对外交涉和兴办"洋务"的中心。

如果说，鸦片战争之后，江南沿海地区开始进入由传统向近代转型的复杂进程，那么，到了第二次鸦片战争后，海河之畔的天津，也开始加入这一进程当中。近代文明通过波涛汹涌的大洋，涌入海河，涌入天津，使天津成为近代文明进入中国的窗口和跳板，把天津城市推向了一个历史的"辉煌期"。

第一个"辉煌点",是天津在全国率先建立近代工业、交通、通信等综合性设施,由此逐步拉近了与世界发达城市之间的距离。

第二次鸦片战争后,清朝看到了军事装备的落后状态,以及天津在"拱卫京师"方面的重要作用,决定在天津训练新式军队,同时设局募匠,仿制西洋军火、机器。

1866 年,天津机器局兴建,选址"城东十八里贾家沽道……是为东局"。1868 年,又在南关外海光寺设立天津机器局西局(亦称南局)。

在 1884 年的中法战争中,清朝发现新兴的栗色火药威力巨大,决定对天津机器局的火药生产设备进行更新,在东局兴建了专门生产栗色火药的厂房。一名外国记者参观后报道说:"机器庞大而复杂……厂房十分坚固……工厂完成后,将成为世界上最大最好的火药厂,能以最新式机器制造最新式的火药。"

当年,天津机器局西局的制造水平也很高,不但能够生产枪炮和行军桥船,使"百丈之河顷刻布成平地",还可生产水下布雷的"水底机船",以及疏浚机器挖泥船;还可生产各种铜管乐器、小汽船等。北京颐和园建成后,行驶在昆明湖里的两艘明轮小汽船,就是天津机器局西局制造、由直隶总督献给慈禧太后的。

天津机器局西局制造的明轮小汽船

北洋机器局

在蒸汽动力时代，工业发展首先要解决能源即煤炭问题。天津远离煤炭产区，最初，机器局所需煤炭是随机器设备由英国运来的。1876年经勘查发现，天津以东的开平煤矿，煤质优良，储量高达6000万吨以上，而且有着悠久的土法开采历史。1878年，中国第一家股份制企业开平矿务局成立，对外称"中国机器采矿公司"。

当时，天津煤炭市场几乎全为"洋煤"所占有，为与"洋煤"进行市场竞争，开平矿务局设法降低运输成本，先在矿区修建了一条9.7千米的铁路到胥各庄，然后用近代技术开掘了一条从胥各庄到芦台的运河，以水陆联运的办法，解决了开平煤运到天津的高费用问题。

开平煤矿实行独立核算和市场化经营。煤炭运到天津，按市场价格供给机器局和轮船招商局；同时又争取到官府的减税优惠，使每吨煤的市场价格保持在4.5两至5两白银之间，而日本煤每吨却要卖到7两至8两白银。开平煤火力旺，燃烧持久，很少出现熔渣，不仅天津机器局的动力完全依靠开平煤，就连北洋舰队和驶抵天津的中外轮船，也都要在煤仓里装满开平煤之后，才起碇开航。在竞争中，日本煤自然不是开平煤的对手，不久即全部退出天津市场。

由于开平煤矿经营状况良好，私人投资增加，进而引发了开平股票的猛涨。到19世纪80年代，有人愿将100两面值的开平股票以272两的价格买进，低峰时也要卖到140两至170两之间。从1888年开始，开平煤矿发放股息，年利率为10%至12%，这种状况，在近代中国的股份制企业中十分罕见。

19世纪70年代的天津，已发展成外国轮船客货运输的北方中心。为打破外国轮船公司的独霸局面，直隶总督李鸿章接受社会各方面的建议，决定"自行设局置轮"。最初拟由天津的广东帮商人承办，不久即因其"资力不厚"，改邀淞沪巨商、经营沙船的领军人物朱其昂来天津，几经反复，拟订出章程草案。1873年，轮船招商局在上海成立，在天津设立分局，为与外商争夺大沽口至租界码头的驳船业务，分局另设天津驳船公司。

轮船招商局的成立，打破了外国人把持中国航运的局面，中国人开始有了自己的近代运输事业。招商局的轮船不但承担了大批漕粮北运的任务，而且承办了天津及附近地区的赈粮运输。为挽回利权，招商局在天津设立揽载行，后来又经批准，官府往来运送的物品和文件，也交由招商局载运。

怡和、太古等外国轮船公司为挤垮招商局，施行压价竞争，各省官民群起维护利权，不乘外轮。到19世纪80年代初，北洋航线60%的收益为招商局挣得。后来，招商局虽然与怡和、太古订立了"齐价合同"，以吨位多少共分水脚，但每百次走船，招商局仍然可占44分，怡和、太古各占28分。

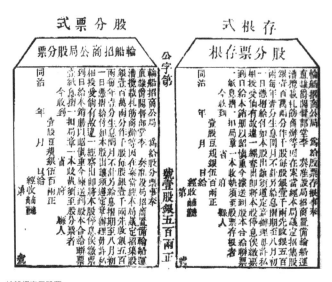

轮船招商局股票

天津的铁路建设，源于开平煤矿的煤炭向外输送的需要。当时世界已处于修建铁路的热潮之中，因此规划这条铁路的负责人认为，这条矿山铁路日后将成为中国铁路运输系统的一部分，所以必须采用国际标准轨距1435毫米。这个标准，至今为中国的铁路系统所沿用。

20 世纪 20 年代的天津（火车）站（天津市档案馆馆藏）

1881 年，唐山至胥各庄铁路竣工，同年 6 月 9 日，也就是在火车发明人乔治·史蒂文森百年诞辰纪念日当天开始运行。因为史蒂文森在 1829 年制造的第一辆蒸汽机车名为"火箭号"，所以中国自制的第一个火车头命名为"中国火箭号"，唐胥铁路也就成为中国自建的第一条标准轨铁路。

铁路运行一年后，又扩展修筑至芦台、大沽口，效果十分理想。李鸿章从中看到"商人运货最便"的商机，奏请续建，

并于 1888 年扩展修筑到天津。同年 10 月 9 日，中国第一条自办运营铁路——唐津铁路通车。"自天津至唐山……计程二百六十里，只走一个半时辰，快利为轮船所不及。"

1890 年，唐山至山海关的铁路开始修建，1894 年全线竣工。1895 年，天津至卢沟桥的津卢铁路开工，1897 年竣工。由此可见，19 世纪末的中国铁路初创阶段，是以天津为中心，向周边地区辐射的。

近代化的信息沟通，这时也在天津率先兴起。

1874年，日本侵略台湾，因为消息传递延迟，清朝蒙受了很大损失。1877年，在直隶总督行馆与机器局东局间，自行架设了中国最早的一条8公里长的电报线。

1880年，中俄伊犁交涉失败，重要原因之一也是往来信息传递的阻隔。当时，谈判过程中的所有汇报与请示，需用电报由俄国发到上海，需时1天，而由上海用驿递送到北京，则需6至10天，于是清政府决心建设电报网络。同年，在天津东门内问津行馆设立电报津沪总局。

1881年12月21日，天津至上海的电报全线开通，当时上海已与世界多国通有海底电报线，天津电报通至上海，就等于给天津建立起与世界多国信息沟通的平台。

从此，中国的电报事业一发而不可收。

自1879年至1899年的20年间，以天津为中心的电报通信网络初步形成，除西藏，电报已通至全国各省，天津的城市地位也因此大大提高。

电话发明不久，1879年，轮船招商局便由大沽码头至紫竹林栈房架设了电话线，这是通商口岸中最早由中国人自行设立的电话通信。1884年，直隶总督行馆至塘沽、保定的长途电话开通，成为全国最早的长途电话线路。

中国近代邮政萌芽于第二次鸦片战争之后，根据《中英天津条约》，各国公使及属员可在中国自设邮政专差，往来北京、天津。每年冬季，天津海口封冻，改由马差往来至镇江寄发。1878年，总理衙门指派天津海关税务司，在天津、北京间开办骑差邮路，逐日开班，行程17小时。

1878年，又以天津为中心，在北京、天津、烟台、营口、上海五处试办海关书信馆，发行了中国第一套以蟠龙为图案和印有"大清邮政局"字样的一分银、三分银和五分银三种面值的大龙邮票。1878年3月23日，天津海关书信馆开始对公众开放，收寄华洋信件。这一天，成为中国近代邮政创办日。

1879年，海关总税务司赫德委托天津海关税务司管理海关邮政司，建立"海关拨驷达局"，"拨驷达"就是英语"post"（邮政）的音译。

大清邮政局邮差服及扣子（胡凌云摄）

1896 年，清政府正式开办国家邮政，翌年，天津"海关拨驷达局"改名为"大清邮政津局"。天津海关书信馆是最早对公众开放的邮政机构，又因为"大龙邮票"最早在天津发行，从而确立了天津在中国邮政史和中国邮票史上的首创地位。

从 1890 年到 1920 年，有轨电车被世界各大城市广泛应用为公共交通工具，天津的有轨电车就是在这个历史窗口期发展起来的。

1902 年天津开始筹办有轨电车，1905 年开始铺设电车轨道，1906 年初正式通车，环绕旧城四条马路行驶。初为单轨，翌年改为双轨，成为国内电车开通最早的一条。从此，天津成为中国最早建立公共交通运输体系的城市，并开始与世界同步。

这一时期，农业的近代化也在天津率先开启。

1881 年，开平矿务局股东集资白银 13 万两，在塘沽新河一带购地 4000 顷，组建天津沽塘垦殖畜牧公司，"以机器从事，行见翻犁锄禾，事半功倍"。这是近代中国第一家股份制农场，被称为"模范农场"，比江苏南通的通海垦牧公司早了 20 余年，在近代中国当属第一。

20 世纪初，天津有轨电车通车情形

1906 年，直隶总督袁世凯委派周学熙在天津新车站（今北站）附近购地十余顷，建立种植园，1914 年更名农事试验场，开渠引入月牙河及金钟河水，用机器凿井，用西式风车提水。在近代中国，它是经营最好的官立农业试验基地。

从 20 世纪初开始，天津逐步发展成为北方的工业中心城市。这时，一批具有爱国精神的有识之士和留学归来的学子，看到天津滨海地区在海洋化工方面蕴含的巨大潜力，纷纷聚集于此。

1914 年，中国化学工业先驱、著名实业家范旭东，率先在盛产海盐的塘沽创办了久大精盐公司，专门从事精盐生产，一改几千年来中国人食用含有害杂质"土盐"的历史，开创了中国制盐史的新篇章。此后，各地陆续出现多家精盐工厂，精盐制作技术被推广到全国。不久，范旭东又在塘沽创办了中国第一所民营的化学研究机构——黄海化学工业研究社，为开创中国海洋化工事业作出巨大贡献。

1917年，范旭东等人创建了中国最早和最大的制碱企业、同时也是亚洲第一家专门制造纯碱的企业——永利制碱公司，并于1919年兴建永利碱厂。当时，技术先进的索尔维制碱法为英国的卜内门化学工业公司所垄断，经过艰苦努力，永利碱厂终于掌握了索尔维制碱法的全部工艺流程，制出可与卜内门相媲美的工业纯碱。其采用"红三角"为商标，红三角中间有一只化工实验用的坩埚，表示中国的化学工业从这里诞生和兴起。

永利化学工业公司红三角牌商标
（天津市档案馆馆藏）

1926年，"红三角"牌
纯碱参加在美国费城举办的
"万国博览会"，荣获金奖，
赢得"中国工业进步的象征"
等美誉。此后，中国纯碱市
场50％的份额被"红三角"
夺回，连英国的卜内门也成
为永利碱厂在日本的代理商。

20 世纪 40 年代初，迁入四川的永利碱厂又成功将索尔维制碱法与制氮工艺有机结合，发明了"联合制碱法"，打破了自 1862 年以来比利时索尔维制碱法和德国查恩制碱法对世界制碱技术的控制。这项先进技术很快推广到国外，当年印度的制碱工业就是由中国按照"联合制碱法"援建的，从而开创了中国借鉴外国先进科学技术，消化吸收后进行改革创新，再输出到国外的先河。

此外，黄海化学工业研究社还在研制烧碱、硫酸、硝酸、硫酸铵、钾肥、磷肥，以及化工产品的综合利用方面取得了多项成果，包括系统整理出中国传统的酿酒及制造饴糖、粉丝等多项技术，培养出几万个菌种，造就了一批被称为永利、久大"神经中枢"的人才。

近代天津进入世界文明的程度与速度

项目	发明人	发明时间	应用时间	进入天津时间	相距时间
火车	（英）乔治·史蒂文森	1814年	1825年	1879年	55年（与应用时间相比）
电报	（美）塞缪尔·莫尔斯	1837年	1844年	1877年	34年（与应用时间相比）
邮政	（英）罗兰·希尔	1840年	—	1866年	27年（与发明时间相比）
电话	（美）安东尼奥·梅乌奇*	1876年	—	1879年	3年（与发明时间相比）
现代有轨电车	（美）斯波拉格	1888年	20世纪初	1906年	与世界同步
纯碱制造	（比利时）索尔维兄弟	1862年	—	1940年中国自主知识产权的联合制碱法投产	世界领先

* 2002年6月15日，美国议会议定议案，认定安东尼奥·梅乌奇为电话的发明者，亚历山大·贝尔为第一个获得电话发明专利的人。

第二个"辉煌点"，是天津在全国最早出现了广开言路的传媒，涌现出先进的思想文化，构建出全国领先的教育文化，同时成为传播近代休闲文化和体育文化的窗口。从此，天津与世界之间不再有隔阂，凸显了近代天津城市文化的先进地位。

　　《时报》是天津第一份报纸，也是中国北方第一份报纸，中文版为日刊，于1886年5月16日出版。英文版《中国时报》为周刊（中文译名《益闻西报》），是当时北方唯一的英文报纸，各地外国人特别是上海和华中地区的外国人，为尽快读取京津地区新闻，争相订阅。

《时报》停刊后，报社被天津印刷公司购得，1894年该公司创办了在中国北方影响最大、被视为"外国人在华北的圣经"的《京津泰晤士报》。初为周刊，1902年改为日刊，后来，成为英租界工部局的机关报。

1895年，德国人汉纳根创办《直报》，这是天津的第二份中文报纸。因当年《时报》影响力很大，所以《直报》创刊后极力模仿《时报》，也可说就是《时报》的继续。《直报》的"直"其含意有两层，一是直隶省的报纸，二是直言不讳。

《直报》在中国近代史上之所以出名也有两个原因：一个是在中日甲午战争中支持中国，专门派记者去台湾，报道台湾人民的反割台斗争；另一个便是刊登了维新思想家严复的《论世变之亟》等五篇政论，在戊戌变法期间，它是维新派向中国腐朽专制制度大张挞伐的战斗檄文。

1897年底，严复及友人创办《国闻报》，这是天津第一份中国人自办的报纸，目的是"通上下之情"，"通中外之情"。严复在编辑《国闻报》的同时，还编旬刊《国闻汇编》，分门别类汇集刊载报纸上的各种评论。

1898年1月27日至2月4日，《国闻报》分九次刊登了严复写的《拟上皇帝书》。9月14日，严复以很高的社会声望，经吏部举荐，受到渴望变法维新的光绪帝的召见，二人的对话刊登在9月19日的《国闻报》上。

光绪帝："本年夏间，有人参汝在天津国闻报馆主笔，其中议论可都是汝的笔墨乎？汝近来尚在国闻报馆主笔否？"

严复："臣非该馆主笔，不过时有议论，交于该馆登报耳。"

光绪帝："汝所上报之文，其中得意文章有几篇？"

严复："无甚得意者，独本年正月间有《拟上皇帝书》一篇，其文颇长，当时分作六七日登报，不知曾蒙御览否？"

光绪帝："他们没有呈上来，汝可录一通进来，朕急欲观之。"

严复："臣当时是望皇上变法自强，故书中多此种语。今皇上圣明，业以见之行事，臣之言论已同赘疏。"

光绪帝："不妨，汝可缮写上来，但书中大意是要变什么法？"

严复："大意请皇上于未变法之先，可先到外洋一行，以联各国之欢；并到中国各处，纵人民观看，以结百姓之心。"

此外，光绪帝还向严复询问了办理海军及水师学堂等诸多事情，奏对约进行了 45 分钟。严复回到天津后，加紧修改《上皇帝书》，不料 7 天后政变发生，维新人士惨遭保守势力捕杀，以致《上皇帝书》没能进呈到光绪帝面前。

严复等人在天津创办的《国闻报》影响极大，与梁启超等人在上海创办的《时务报》交相辉映，成为宣传维新思想的南北两大舆论阵地。

1912 年底，由梁启超主编并题写刊头的《庸言》杂志在天津创刊。"庸言"二字源于《荀子》："庸言必信之"，这体现了梁启超一生独立不倚、言论可信的人生宗旨。《庸言》初为半月刊，1914 年改为月刊，内容以政论为主，多针对当时的施政方针或政治弊端，其他文章也都具有丰富的知识性和较高的文化品位。从创刊到停刊，《庸言》共出版两卷计三十期，其中由梁启超亲自撰写的文章就有 30 篇，几乎每期一篇。由于梁启超在当时的舆论界享有很高的声望，《庸言》一创刊，发行量就高达 1 万份，风行全国，以后又增加到 1.5 万份，成为当时国内发行量最高的刊物。

《大公报》创刊号

　　《大公报》是中国迄今为止报龄最长的一家报纸，1902 年 6 月 17 日在天津创刊，创办者为英敛之（赫舍里·英华，满族）。在创刊号上，英敛之作序说，报纸宗旨在于"开风气，牖民智，把彼欧西学术，启我同胞聪明"；取名"大公"，就是要在新闻宣传报道上，一秉大公。《大公报》一经问世即身价甚高，当天发行 3800 份，3 个月后发行量达 5000 份，一举成为华北地区最引人注目的报纸。抗战期间，《大公报》迁至大后方，继续坚持出版。1949 年 6 月 17 日，沪版发表《新生宣言》。港版《大公报》创办于 1938 年，1941 年被迫停刊，1948 年 3 月 15 日复刊，至今仍在香港发行，被誉为中国报纸的一块"金字招牌"。

《益世报》于 1915 年 10 月 10 日在天津创刊，不久后，法租界当局强占"老西开"事件爆发，《益世报》积极报道和热情支持中国人民的反法斗争，严词抨击法国的侵略行径，因而给读者留下良好的印象。九一八事变后，《益世报》支持中国的抗日斗争，后来迁至大后方出版。抗日战争胜利后，为表彰该报负责人雷鸣远支持中国抗日，天津西南城角的南大道一度改名雷鸣远路。

天津市民收藏的记录 1949 年天津解放之际的《大公报》（吴迪摄）

进入 20 世纪，天津因租界林立，除了中、英文报纸，尚有法文、德文、俄文、日文报纸一二十种。到 20 世纪 30 年代初，天津共有各种报纸 30 余种，总发行量达 29 万份，10 万多份发往外地，18.7 万份在本市发行。一半以上的报纸，发行量均在 4000 份以上，发行量在万份以上的报纸有 7 种，超过 2 万份的有 4 种，其中《大公报》达 7 万份以上。如果按当时天津有阅读能力的人口计算，日均 2.5 人就有一份报纸。此外，还有中文通讯社，以及英、法、美、苏、日等国的通讯社近 30 家。这说明，当时的天津已成为华北地区的新闻中心。

天津开埠后，很快成为接受西方文明的窗口和中西文化碰撞的焦点地区。一部分思想敏锐的传统知识分子，热切希望中国能够学习西方，振兴起来，重新进入世界民族之林，比如严复、梁启超。这些人在中国近代历史上，被誉为最早向西方寻求真理的"先进的中国人"。

严复（1854—1921）是中国第一批海军留英生，当时英国处于全盛的维多利亚时代，所以他对所见到的西方文明非常钦佩。经反复思考，他认为，英国之所以富强，中国之所以贫弱，根本原因就在于思想与社会制度的不同。从此，他开始大量阅读西方思想家如达尔文、亚当·斯密、卢梭、孟德斯鸠等人的著作，力图从中找出拯救中国的办法。尤其是达尔文的进化论，当时风靡欧美，西方学人对《物种起源》一书推崇备至，严复读后，头脑大为开阔，思想也焕然一新。

清朝在中日甲午战争中的惨败和《马关条约》的签订，给朝野带来极大震动，举国上下一致发出要求维新变法的呼声。严复决心抓住这个机会，宣传维新思想，一展自己的才干与抱负。他大胆提出"欲开民智，非讲西学不可"，并竭力主张"痛除八股"，要想使中国和西洋一样富强，必须用"西洋之术"。特别是他的《辟韩》一文，用近代西方的民主观，否定了中国传统的"君臣之论"，成为维新派批判中国腐朽旧制度的有力武器，转载于《时务报》。

从 1897 年 12 月开始，严复在《国闻汇编》上连续发表译著《天演论》。这部书原名《进化论与伦理学》，为英国著名生物学家赫胥黎所著。严复从挽救民族危亡的反侵略立场出发，翻译了这部书的主要内容，同时夹叙夹议，对原著进行评述和阐发。所谓"天演"，就是要按照自然的规律，紧跟不断变化的世界形势，号召中国人学习西方，"与天争胜""自强保种"，否则就无法逃脱"优胜劣败"的亡国厄运。

《天演论》出版后，社会上争相传阅，给大梦初醒的中国人指出了一条"与天争胜"的道路，使人们知道了中国是非变不可。"物竞天择"几乎成为人们的口头禅，严复也因此被誉为"天演学家"和"天演严"。所谓"自

严复译著《天演论》书影（天津图书馆馆藏）

严氏书出，而'物竞天择'之理，厘然当于人心，而中国民气为之一变"。梁启超曾把《天演论》介绍给自视甚高的维新派领袖康有为，康有为读后从中吸收了进化论的新观点，丰富了自己的思想和著作，并盛赞严复是"中国精通西学的第一人"。

辛亥革命前后，严复在北京担任学部审定名词馆总纂，后又出任北京大学第一任校长。1921年，严复在他的故乡福州因病去世。严复一生中最有作为的黄金时代是在天津度过的，在这里，他用自己熠熠闪光的思想，为中国人照亮了一条向西方寻求真理的道路，为近代天津增添了霞光般的异彩，作为一名"先进的中国人"，永远值得我们纪念。

梁启超（1873—1929）是戊戌变法时期著名的维新志士，政变发生后，为逃避清政府追捕，在天津化装后乘轮船逃亡日本。辛亥革命胜利后，由日本经天津回国，在北京从政。

鉴于北京政治气候复杂，梁启超决定把家安顿在天津意租界，并于1915年和1925年先后修建了两栋楼房，后建的一栋，就是他曾一直向往的书斋——"饮冰室"。

梁启超故居（段毅刚摄）

辛亥革命后，袁世凯出任中华民国大总统，妄图复辟帝制，遭到梁启超坚决反对，梁启超在天津连夜写出《异哉所谓国体问题者》。袁世凯闻听后，非常害怕梁启超"笔锋常带感情"的文章会在社会上广泛流传，拟用20万银元收买，遭到梁启超拒绝。该文在北京发表后，立即引起轰动。与此同时，梁启超又与他的弟子、云南督军蔡锷，在天津秘密策划了反袁的护国战争。

袁世凯复辟帝制失败不久，1917年又发生了"张勋复辟"事件。梁启超在天津协助段祺瑞在马厂誓师，发布"讨逆文告"，最终打败张勋的"辫子军"，再度恢复民国。后来有人评论梁启超的贡献时说："吾国人士所以稍知民族思想主义及世界大势者，皆梁氏之赐。"

　　此后，梁启超去欧洲考察，回国后在天津潜心著述，并任教于南开大学，先后完成了《欧游心影录》《清代学术概论》《墨经校释》《中国历史研究法》《中国历史研究法补编》《先秦政治思想史》《中国近三百年学术史》等影响深远的学术著作，被誉为"世界第一之博学家"。

　　与此同时，居住在天津的梁启超还积极培育青年一代，他曾发起组织"共学社"和"讲学社"，邀请世界"名哲"来华讲演，如美国著名哲学家、哥伦比亚大学教授杜威，英国著名哲学家罗素，印度著名作家、诗人和哲学家泰戈尔等。1924年，梁启超出任清华国学院导师，培养出一批对中国传统学术作出承前启后贡献的治学名家。

梁启超晚年醉心学术著述，身体每况愈下，直到生命尽头，仍笔耕不辍。病逝后，有人撰挽联曰："丙辰义不帝秦，丁巳力主参战，内安外攘，毕竟书生能救国；著论传遍九州，声名远腾四夷，功成身去，但开风气不为师。"《美国历史评论》杂志也发表文章说，梁启超的一生"以非凡的精神活力和自成一格的文风，赢得全中国知识界的领袖头衔，并保留它一直到去世"。

近代天津的教育文化在很长时间内处于领先地位，成为中国近代军事教育的基地。

1880年，天津水师学堂在机器局东局内建立。当时清政府正在大规模筹建北洋海军，由于舰艇的驾驶、管轮等不敷使用，只得"借才于闽省"。但是南北水土不同，北洋海军必须就地培养人才。经光绪帝批准后，翌年，学堂落成，驾驶专业开始招收学生。1882年，添设管轮学堂。天津水师学堂虽晚于福州马尾船政学堂，但设有驾驶、管轮两个专业，而马尾船政学堂只有驾驶专业；天津水师学堂的规模、设备、师资力量，也都远远超过马尾船政学堂。

天津水师学堂的学制为五年，所设课程除基础学科，还有天文、推步、地舆、测量等；同时对学生进行军事操练，通过"月校季考，以稽其知能"。堂内还设有"观星台一座，以备学习天文者登高测望"。

为评估天津水师学堂教学水平，李鸿章请欧洲著名海军院校的教官进行考核。教官们一致认为，天津水师学堂比欧洲各海军院校并不逊色，起到了"开北方风气之先，立中国兵船之本"的作用。著名教育家、南开大学创办人张伯苓，武昌起义时的鄂军都督、中华民国首任副总统黎元洪，著名作家冰心（谢婉莹）之父谢葆璋等，都是天津水师学堂的毕业生。

北洋武备学堂也叫天津武备学堂，始建于1885年，校址在河东旧柳墅行宫，是近代中国第一所培养陆军军官的院校。学员初由淮军各营挑选"精健聪颖、略通文义弁兵百余名，入堂学习"，两年一届，"回营后转相传授，仍令选新生入堂"。学堂聘用德国教官，课程有"天文、地舆、格致、测绘、算、化诸学，炮台、营垒新法"，同时"操习马队、步队、炮队及行军、布阵、分合、攻守诸式"。

天津武备学堂培养出的大批军官，后来都成为北洋新军的骨干，佼佼者如冯国璋、段祺瑞、王士珍、段芝贵、李纯、陆建章、王占元、陈光远、鲍贵卿、张怀芝、李长泰、雷振春、阮忠枢等，他们在民国初年形成了一个军阀集团，左右了北洋时期的中国政局，这成为近代中国极为独特的政治现象。天津武备学堂附设的铁路科，也为中国培养出第一批铁路人才。

天津武备学堂建立后，聘用了一批外国教官，其中一名德国教官从国外购得一枚用于军事瞭望的废弃氢气球，秘不示人。但制作氢气球的技术很快就被中国科学家华蘅芳掌握。

华蘅芳，江苏无锡人，曾参与筹办江南机器制造局和中国第一艘轮船"黄鹄"号的制造，后受聘到天津机器局和天津武备学堂任教。面对德国教官的顽劣傲慢，华蘅芳组织中国工匠试制成功一枚直径五尺的气球，并用硝镪水（硝酸）制成氢气灌入球中，当场演放升空，这是中国第一只自制氢气球。

1886 年，华蘅芳又从外洋购得一只载人氢气球，放飞时，北洋海军、盛字军及各路防营统领如期而至，"观者倾巷"。登上这只气球凌空的有北洋海军提督丁汝昌、右翼总兵刘步蟾等人，他们安坐于气球下的"篮舆"之中，"饬令启机上驶"至数十丈，旋即鸣号落下。这次演示极大地增长了中国人的志气。

北洋施医养病院始建于 1880 年，设备先进，"挂号房，司账房，诊脉、发药之房，割症房，养病房无不毕具""另有学习医理之塾，在院肄业，颜曰'医学馆'"。该馆初系英国伦敦会医师马根济设立，第一班学生 8 人，第二班学生 4 人，第三班学生 12 人，教师由英美海军医生担任，是中国最早建立的一所西医学校。马根济去世不久，招商局总办朱其昂捐赠地皮一块，创立官办医院，医学馆又附属于这所医院。

北洋大学堂

北洋机器局（天津市档案馆馆藏）

北洋法政学堂

根据《北洋海军章程》，1894年在北洋施医养病院的基础上，设立了近代中国最早的一所大型综合性医院——天津储药施医总医院。院内附设的西医学堂，即著名的北洋西医学堂。

　　为配合津沪电报线的架设，培养电报人才，1880年在天津开办了中国最早的电报学堂，校址初在东门外扒头街，后移至法租界。原计划只办一期，后因电报线陆续架设至各省，只好将学堂继续开办下去，课程设置也日益完善，包括基础电信、数学、制图、电报线路测量、陆上与水下电线架设、仪器规章、国际电报规约、电磁学、电测试、铁路电报、电力照明等。到1900年，该学堂毕业生达300名，成为中国早期电报事业的骨干力量。

北洋工学院

  1895 年，近代中国第一所大学北洋大学堂在天津诞生。最初名为北洋西学学堂，后改名为北洋学堂、北洋工学院等，20 世纪初，改名为北洋大学。

  中国近代教育制度的初步确立，是在中日甲午战争以后。当时社会有识之士看到日本在明治维新后大力发展近代教育，取得显著成效；反观中国，却因教育制度的陈腐使国家日益衰落。在这种维新思潮的推动下，津海关道盛宣怀于 1895 年呈请直隶总督王文韶上奏清廷，设立北洋西学学堂，奉旨允准，学堂于同年 10 月 2 日正式开学。

北洋大学堂的教学体系，完全按照西方高等学校的标准设立，以美国哈佛大学和耶鲁大学的学制为蓝本，设有法科、矿山科、土木科、机械科等。由于生源短缺，翌年开始招收预科生。当时，本科叫"头等学堂"，学习各种"专门之学"，修业期限为四年；预科称"二等学堂"，学习英文和普通科学，修业期限亦为四年，为升入"头等学堂"作准备。

北洋工学院旧址，现为河北工业大学第三教学楼（张建摄）

北洋大学堂的出现，标志着近代教育制度开始在中国确立。北洋西学学堂比戊戌维新期间建立的京师大学堂还要早三年，是当之无愧的近代中国第一所国立高等学府。后来，北洋大学堂更名为北洋大学，新中国成立后更名为天津大学。至今，该校仍以10月2日作为校庆日。

20世纪初的天津，还在国内率先建立起完整的普通教育体系。

1905年，实行了一千多年的科举制度被废除。天津有了这样的环境，再加上开埠后逐年奠定的近代教育基础，"大吏提倡于上，乡人负众望者主持于下，官绅合力，远近同风，不十年间，各级学堂悉备"。

1902年，首先在省城保定建立学校司，后更名学务处。翌年，在天津辅仁书院旧址设校士馆，招收民间的举、贡、生、监，一改以往的教学内容，而课以格致、算学、策论，这在当时被认为是"书院之余波，学堂之先声"。同年，天津开办官立小学，最初仅 3 所，很快发展到 20 多所。1901 年，天津府接收了绅办的铃铛阁普通学堂，成为天津官办中等教育的开始。1903 年，该校定名为天津府官立中学堂，后来发展成知名的铃铛阁中学。

1905 年，直隶学务处迁到天津，翌年改为直隶提学使司，专门办理新设学堂事务。不久根据学部规定，设立了天津县劝学所，负责全县初等和中等教育的管理。为普及新式教育，1907 年，成立了天津教育会。因为管理有力，不仅普通教育，就连各级各类专门教育，也在天津得到发展。

为给天津、河间两府培养师资，1905 年，天津初级师范学堂成立，设有完全科、本科和简易科，并附设供实习用的小学堂。后来该校更名为天津两级师范学堂，废简易科，增设优级理化科，以适应中小学对理化师资的需求。

为发展女子教育，1904 年，天津官立女学堂成立，翌年又建立了天津高等女学堂和初等女学堂。为培养女子小学堂的女教员，1906 年，创办了北洋女子师范学堂。

为培养专门人才，1906 年，学务公所开办测验学堂及专门培养日语翻译的东文翻译储才所；翌年，又设立音乐体操传习所；1910 年，设立直隶水产讲习所。

为培养当时急需的法律人才，1907 年，天津成立北洋法政专门学堂，分正、预两科，修业期限均为三年；另设有简易科，修业期限一年半。

为培养军医官，1902 年，在天津创办了北洋军医学堂，同时恢复了天津总医院西医学堂。

这一时期，天津的民办教育也走在全国前列。早在 1898 年，著名教育家严修就在家中办起了新式学塾，聘请天津水师学堂毕业生张伯苓教授英文、数学、理化各科，课子侄 5 人。后来，大盐商王奎

北洋女子师范学堂

章也聘请张伯苓用新式教学内容，课其子弟6人。这就是当时有名的"严馆"和"王馆"，其可以看成是天津民办小学的最初形式。

　　1902年，严修等人集资创办天津民立第一小学堂，规制及师资力量完备，后经学务公所定名为天津模范两等小学堂。

北洋女子师范学堂现貌（张建摄）

1905年，严修又在家中办起了女小学，设保姆科和幼稚园，此为中国幼儿教育的先声。

严修等人倡办新式学堂，在天津影响很大，在他们的带动下，到辛亥革命前夕，天津县共建民办小学堂67所、女子学堂5所，此外还建有民办的半日学堂若干所。

1904年，严修与张伯苓去日本考察，"知彼邦富强，实由于教育之振兴……中学居小学与大学之间，为培养救国干部人才之重要阶段，决定先行创办中学，徐图扩充"。二人回国后，将严、王两馆合并，创立私立中学堂，后相继改名敬业中学堂、私立第一中学堂。1907年，迁校址于南开，更名为私立南开中学堂。后来学校不断扩大，经费也因改为公立而得到保证，于是张伯苓决定在此基础上，发展大学教育。

张伯苓为此去美国考察，回国后，于1918年春，在南开中学里修建了大学部讲堂，聘请教授，分设文、理、商三科，后改学院，于当年10月17日召开大学部成立大会，从此，南开大学便以这一天为校庆日。1919年9月，南开大学举行开学典礼，这一年成为南开大学创立之年。1921年，南开大学接受捐赠，在八里台建设新校舍。

南开大学是继1912年成立的武昌中华大学和朝阳大学、1913年成立的国民大学之后中国的第四所私立大学。四所学校中，延续至今并蓬勃发展的，只有天津的南开大学。

这一时期，最早推广汉语拼音教学的"简字学堂"，也出现在天津。创办人王照，字小航，天津宁河人，进士出身，戊戌维新期间任礼部主事。因参与变法被通缉，只身逃亡日本。他在日本期间，注意到明治维新后初等教育之所以得到普及，"假名"起了很大作用。于是他参照"假名"结构，创造出以"官话"（北京话）为标准语、包括声母和韵母的"合声"字母，简便易行地解决了汉字的拼读问题。

位于复康路上的南开大学八里台校区南门（张建摄）

《官话合声字母》书影（天津图书馆馆藏）

王照的《官话合声字母》写成后，受到社会普遍重视。20世纪初，直隶学务处督办严修，率先在天津开办了专门学习"官话"与"合声字母"的"简字学堂"，严修身体力行，不但自己带头学，还让全家上下一起学，严府中人很快都能熟练运用。数年间，《官话合声字母》传

116

习至全国 13 个省份；由王照创办的"拼音官话书报社"编印的《修身》《史地》《动植物》《外交》等教科书，一时行销至 6 万余部。后经改进，"合声字母"成为在小学教育中流行几十年的注音（国音）字母。直到 1958 年，全国人民代表大会批准公布由中国文字改革委员会（现国家语言文字工作委员会）研究制定的《汉语拼音方案》，方改用"中文罗马字母拼写法"。

1881 年，天津水师学堂创办后，即在堂内组织学员建立了近代中国第一支军乐队——天津水师学堂西乐队，经常到淮军各营进行演出，有时还到外地公演，如 1883 年曾到上海进行赈灾义演。至于西洋铜管乐器，天津机器局西局已能自行制造。

1887 年，一支公共交响乐队——赫德乐队在天津出现，乐手是在天津下层社会中招募的青年人，通过学徒制取得学员资格，乐队指挥是英国人毕格尔。这批中国乐手几乎个个都是音乐天才，在不长的时间里，乐队便以有 100 个保留节目而闻名。

　　赫德乐队最初在英国俱乐部演出，不久改在英国花园举行每周一次的露天音乐会，演出前一周印发节目单，节目中甚至包括威尔第的歌剧。这支乐队还经常巡回演出，如在草地网球俱乐部、英国工部局动物园……冬天则于下午三点半到五点在溜冰场上演奏。乐队还在侨民们举行的午后茶会和其他舞会上演奏伴舞音乐，有时也为私人舞会和公共集会演奏。一次，外侨诺维斯夫妇来天津，听了乐队演奏后说，这是他们侨居中国三十年里听到的最美妙的声音。

　　乐队在 1900 年八国联军侵华战争中停办。袁世凯督练"新建陆军"时，在小站组建了近代中国第一支正规军乐队；袁世凯接收天津后，把赫德乐队大部分乐手招募到军乐队中。

1864 年，英国人创办的养正书院（后迁至北京）学员组建了中国最早的一支足球队。1881年起，北洋水师学堂、北洋武备学堂、电报学堂等相继设立足球课。这些学校大都坐落于海河以东，这里遂成为天津的足球之乡。20 世纪初，足球运动在天津各级学校得到普及。

1891 年，篮球运动兴起于美国春田大学，时称筐球运动，1895 年由基督教青年会传入天津。此后，篮球运动很快在天津学校得到普及，并成为群众性运动项目，天津也因此被称为"篮球之城"。

20 世纪 30 年代的赛马场

　　天津外国侨民最有特色的运动项目是赛马。1863 年，天津赛马会成立，赛马场也几经变动。1886 年，天津英租界董事长德璀琳利用手中的权力，得到了天津城东南"养牲园"的大片土地，修建了赛马场。从此，由英租界通往赛马场的道路被逐渐踏平，形成马场道。1900 年，赛马场在八国联军侵华战争中被毁，翌年重建木制看台，1925 年又被新的混凝土看台取代，同时修建起巨大的钟楼。经过两次重建和全面改造，到 20 世纪 20 年代，天津的赛马场无论是规模、跑道还是其他设施，在亚洲都属一流。

赛马俱乐部（天津市档案馆馆藏）

20世纪20年代改造前的民园体育场

　　关于天津近代体育，必须要提到献身天津教育事业的英国运动家和教师李爱锐（埃里克·亨利·利迪尔，1902—1945）。他1902年生于天津，后随父母回到苏格兰，进入爱丁堡大学学习。

　　李爱锐自幼性格开朗，喜爱运动，大学期间，体育天赋初露锋芒，在1923年苏格兰运动会上，一举夺得400米比赛冠军，由此被誉为"苏格兰的飞毛腿"。1924年，在巴黎举行的第八届奥运会上，李爱锐以47秒6的成绩，打破男子400米奥运会纪录和世界纪录。

1925年，已经成为国际著名运动员和体育明星的李爱锐，怀着对中国的眷恋回到天津，执教于新学书院。1929年，民园田径体育场举办万国田径赛，李爱锐参考英国伦敦斯坦福桥运动场的设计标准，对跑道、灯光、看台等进行改造提升，使民园成为当时亚洲最先进的综合性体育场。李爱锐在这次田径赛中，夺得了生平的最后一块400米金牌。1991年，这块金牌由他的三个女儿赠送给了父亲曾经任教过的学校。

1937年，天津沦陷，李爱锐一度去冀中参加敌后抗日。1941年12月太平洋战争爆发后，日军封锁英、法租界，并把租界侨民送往山东潍坊的乐道院集中营，李爱锐在集中营里以极大的爱心给侨民子弟上课。1945年2月，因患脑瘤，李爱锐长眠于今潍坊二中操场纪念花园一隅。

现在的民园广场（张建摄）

位于民园附近今重庆道上的李爱锐故居（王建一摄）

1990年，一位生于苏格兰、久居香港的土木工程师兼业余作家丘嘉先生，深为李爱锐的事迹所感动，在香港发起组织李爱锐基金会和利迪尔体育发展营，专门接纳苏格兰、中国香港和内地运动员入营训练。第三届利迪尔体育发展营由天津海外联谊会和天津师范大学承办，1993年8月27日在天津举行了隆重的开营仪式。

1981年，李爱锐奥运夺魁的故事在英国被改编成电影《烈火战车》，翌年荣获第54届奥斯卡金像奖最佳影片、最佳原创剧本、最佳服装设计、最佳原创音乐奖，以及戛纳电影节评审团特别奖。1999年，《烈火战车》由中央电视台译制并播出。

第三大"辉煌点"，是天津迅速成长为北方最大的工商业和港口贸易城市，成为北方的经济中心。

天津的开埠，极大地改变了城市自身的地位，传统城市蕴藏的经济火花很快迸发并迅速蔓延。在不到半个世纪的时间里，天津一跃成为中国北方最大的工商业、港口贸易城市和经济中心。

开埠前，天津作为水旱码头，仅仅是区域性的经济中心；开埠后成为世界市场的一部分，特别是港口贸易，被认为是天津城市"潜在的力量"，"来日的发展自不待言"。

到20世纪30年代初，在上海、大连、汉口、广州、天津五大口岸的对外贸易额中，天津占13%，其中，棉花出口几乎占全国一半，畜产品出口量占全国的60%，均居各港出口量第一位。进口贸易也是如此，这一时期天津的面粉进口量占全国的35%，同样居第一位；棉花、煤油、木材、染料等进口，仅次于上海，居全国第二位。天津港进出口总额占华北地区的60%，成为中国北方最大的进出口贸易港。

19世纪60年代建立起的天津近代工业，在1900年八国联军侵华战争中几乎全被破坏。经过20世纪初期的重建，到30年代已经形成完整的工业体系，并发展到前所未有的高度。当时全市（不包括租界）共有工厂1200多家，产业工人达20多万人。其中纺织厂680多家，机器制造厂170多家，其他工厂为化学、食品、建筑、造纸、印刷等，年工业总产值7400余万元，工业投资总额居全国第二。

商业方面，天津也是北方中心。20世纪30年代，天津共有商贸行业128个，商店1.7万家，商业从业人员居全市各行业之首。当时，天津商业辐射华北、西北和东北，同时也是这三个地区的物资集散中心。

天津进出口贸易和工商业的发展，又推动了金融业的发展。从19世纪80年代开始，为方便洋行倾销商品和收购中国的廉价原料，著名的外国银行，如汇丰、华俄道胜、横滨正金等纷纷在天津设立分行。不久，华资银行，如中国通商银行天津分行也出现了。到了20世纪20年代，天津在全国的经济地位显著提高，华资银行在天津大规模发展，资金雄厚的金城银行、大陆银行、盐业银行、中南银行、中孚银行、大中银行等先后在天津开业。盐业和中南两家银行的总行虽然分别设在北京和上海，但股东多半是居住在天津的官僚、军阀，经营的重点也在天津。当时，盐业、中南、金城和大陆并称"北四行"，其金融实力可与并称"南三行"的浙江实业、兴业和商业储蓄相匹敌。"北四行"与"南三行"并称为中国南北两大金融集团。

当时，中外各大银行均开设在英租界的中街（也叫维多利亚路，今解放北路南段）和与之相接贯通的法租界大法国

今解放北路南段（张建摄）

路（今解放北路北段），银行建筑雄伟挺拔，气势宏大。今天，人们习惯称解放北路为"银行街"或"金融街"。

昔日英租界的中街

原法租界大法国路

与此同时，天津城市新的繁华区也开始出现。

开埠初期，天津城市的繁华区集中在北门外南运河南岸的北大关和以天后宫为中心的海河西岸宫南、宫北大街。进入 20 世纪，由于以内河港为依托的英、法、日、德等租界相继发展起来，租界内人口激增，致使天津的繁华中心开始由历史形成的"环城开衢"，沿海河向日租界旭街（今和平路）、法租界梨栈（今劝业场所在地区）和英租界小白楼延伸。

20 世纪 20 年代初，法租界梨栈商圈开始崛起，大型建筑不断出现。1923 年，国民饭店建成。1924 年，天祥市场（1993 年拆建为劝业新厦）建成开业，势头盖过了当时坐落在北马路的天津最大商场北海楼。1925 年，浙江兴业银行天津分行在梨栈大街十字路口落成。1926 年，天祥市场对面的泰康商场建成开业。 1928 年，基泰大楼落成，天津最豪华的浴池华清池开张纳客。

1928年元旦，华北地区最大的百货零售商场和新型娱乐中心中原公司在日租界旭街开业，这是天津第一家大型百货公司，经营模式参照香港和上海的先施公司，自称"华北首创唯一百货商店"。开业当天，人如潮涌，场面热烈，交通为之堵塞。为避免发生意外，商场规定购票入场，票价1角，可作购物代用券使用。开业当天销售额高达1.5万元（银元），轰动一时。

1954年，中原公司大楼外景（于嘉祯摄）

开业最初几年为中原公司的鼎盛时期，日销售额五六万元，比之港、沪各大百货商场毫不逊色，一时间成为天津百货业之翘楚。

在经营格局和业态布置方面，中原公司也堪称摩登。一、二、三楼经营百货，包括洋广杂货、布匹、呢绒、绸缎及食品、日用百货等，后又增加鞋及家具；四、五两层开设游艺场、大戏院；六楼为酒楼；七楼为"七重天"屋顶花园，用于夏夜室外纳凉，备有冷饮、西餐等。此后，又成立游艺部并调整了业态，三楼改为杂耍场，四楼为电影院及评戏、文明戏院，五楼为中原大戏院，屋顶花园设立巴黎舞场，此时的中原公司可堪称天津的"百乐门"。

1928年底，交通旅馆和华北地区规模最大的综合性购物中心劝业场，在梨栈大街十字路口落成开业。劝业场地处法租界的中心，仿上海大世界规模，楼高七层，场地宽阔，场内高悬著名书法家华世奎的榜书匾额。劝业场很快成为天津商业繁荣的代表。

20 世纪 30 年代，初建时的劝业场大楼（天津市档案馆馆藏）

劝业场的建成开业，标志着天津商业又出现了一种全新业态。

由于年初天津已经出现了一家强势经营的百货公司，趋利避害的市场经济法则告诉劝业场的投资者，要降低风险必须实行错位经营，于是改百货经营模式为出租门面和摊位的招商租赁制，结果甫一开业，进驻场内的商户即达300多家，除日用百货、鞋帽、呢绒、绸缎、各色布匹、日用器皿、钟表、首饰、文房四宝、工艺品、古玩、玉器等，连草虫、宠物也有出售。四楼以上，分别开设剧院、影院、球社、茶社等游艺场所，并一律冠以"天"字，形成了独具特色的"八大天"。这种多元化的综合经营方式，使劝业场的经营有了更加自如的释放空间，让其他商场望尘莫及。

天津劝业场现貌（张建摄）

　　劝业场的出现，不仅标志着天津近代商业格局的形成，而且还带动了周边地区各行各业的发展，打造出天津最繁华的商业中心和著名游览区，甚至形成了一种独特的地域文化，以致流传着这样的顺口溜："上海大世界，天津劝业场，如果不去逛，枉到上海、天津走一趟。"

　　1930年4月，劝业场对面的惠中饭店开业；1936年，天津当时最高的建筑渤海大楼落成；同年，坐落在梨栈天增里附近、华北地区规模最大、设施最新的戏院——中国大戏院落成，开幕时许多京剧名家在这里连台演出，场场爆满。劝业场侧门对面的光明电影院，则是当时华北地区规模最大、设备最先进的电影院。

这一时期，梨栈一带除了著名的商场和旅店，还集中了近60家剧院、饭馆、舞厅和浴池，每天车水马龙，灯红酒绿，熙熙攘攘，不分昼夜，为国内其他城市所罕见。

天津城市的迅速发展，反映出天津作为中心城市财富的集中、人口的集中和经济实力的集中，也反映出天津作为中国北方经济中心的特定地位这时已经形成。

海河夜景（王涛摄）

一定要
根治海河

　　1939 年 8 月，日伪统治天津期间，华北地区普降暴雨，海河上游和天津市内多处河道水势猛涨，洪水汇成一片。8 月 7 日，日伪当局在杨柳青马庄、桑园两地将南运河右堤炸开，洪水涌向天津西南注；10 日，洪水包围了天津；19 日，南大围堤在陈塘庄以西溃决；20 日，陈塘庄大埝崩决，土城水深 1 米，新仓库附近水深 2.4 米，海河以南地区成为一片泽国。

8月21日，洪水进入天津市区，小刘庄、土城、东楼、谦德庄和佟楼等城市周边地区，天津英租界、法租界和日租界，以及老城的南市和广开西南城角等中心城区，先后遭灾，劝业场一带是全市最低点，水深三四米。8月29日，海河冯家口决堤，大直沽、大王庄、唐家口、东局子、沈王庄和郭旺庄一带被淹；翌日，李公楼、凤林、合浦各村和西南隅等地区亦相继被水淹没，成为重灾区。受灾面积达天津市区的80%，灾民有65万，水灾死亡1万余人。全市被淹一个半月之久，10多万间房屋被冲毁。直到10月初，洪水才逐渐退去。

受灾期间，天津伪币贬值，物价飞涨，瘟疫流行，病饿交加；陆路交通和工商业基本瘫痪，直接经济损失约合法币6亿元。

天津素有"九河下梢"之称，上游五大支流的 300 余条源头河流全部汇集到天津海河入海。由于天津地处"众流入海之冲，地势洼下，有如釜底……有时奔流直下，不及容受，旁溢之患，仍所不免"，加之历史上河道与堤坝长期得不到修整，导致海河水灾频仍，城市受害严重。

水灾频发的另一个原因是，海河流域降水的年内分配不均，作物需水的春季，降水量只占全年的 10% 左右，有的年份 4 至 5 月滴雨不下，而 5 至 10 月的降水量几乎占全年的 80% 以上，其中又以 7、8 两个月最多，占全年降水量的 50% 至 60%。海河流域降水的集中程度，在沿海各地最为突出。

海河流域夏季降水，多为暴雨的形式，大暴雨（日降水量 100 毫米以上）与特大暴雨（日降水量 250 毫米以上）往往出现在燕山南麓。如 1963 年的特大暴雨，7 天降水量为 2050 毫米，相当于常年降水量的 3 倍，一日最大降水量达 865 毫米。

再有便是海河流域降水量的年变率大，最大可达 70% 至 80%，最大年降水量是最小年降水量的 5 到 6 倍，甚至 10 倍。可以说，春旱秋涝，直接影响到海河流域的水文特征。

据历史文献记载和洪水调查分析，自 1368 年至 1948 年的 580 年间，海河流域共发生洪灾 387 次，天津城市被水淹过 70 多次，其中有不少年份是先旱后涝，反复遭灾。旱灾出现，赤地千里，饿殍载道；水灾发生，汪洋一片，田园漂溺。

新中国成立后，政府对危害严重的海河水系，进行了一系列的治理。

第一个五年计划期间，治理了永定河、子牙河、大清河、南运河等若干条海河上游的支流水系；完成了我国第一座大型水库——官厅水库的建设；加固了大清河、漳河、滹沱河、永定河的主要堤防。在大清河、子牙河、南运河汇流处，开挖了独流减河，使这三条河流的洪水可以直接入海。与此同时，疏通了早已淤废的四女寺减河、捷地减河与马厂减河，以提高其泄洪能力。

　　1958年起，又在海河上游多条水道流经的山区，先后修建了漳河上的岳城水库，潮白河上的密云水库，大清河上的王快水库和西大洋水库，滹沱河上的岗南水库和黄壁庄水库等，总计大中型水库47座，小型水库1000多座。

　　这些水利工程的完成，使海河上游各支流，在夏秋雨季到来时，拦洪蓄水能力大为提高，下游洪沥争道、尾闾不畅的状况，也得到了极大的改善。

海河,一直是天津城市的水源河道。但是由于自然和历史的原因,海河也存在许多问题。

比如说,海河是潮汐河,每天要有两次涨潮、落潮,在上游来水不足时,海水就会趁潮上溯,进入市区,造成咸水、淡水不分。海河还是一条城市的排水河道,工业废水和城市居民的生活污水,都要直接或间接排入海河。

1956 年,海河经过多次疏通,3000 吨级轮船趁高潮可以直抵市内码头(关平摄)

海河流域全年降水量极不平衡，每年春季降水量很少，上游来水不足以压制咸水上溯，并稀释河中的污水，从而使天津的工农业生产用水和居民生活用水受到严重影响。

随着经济和社会建设的发展，城市工业用水、近郊农业用水与人民生活用水成倍增长，但海河水量并不丰富。加之上游农田灌溉用水不断增长，致使各河来水有减无增。因此，要解决天津城市的用水问题，必须改造海河，实现海河的"咸淡分家"和"清浊分流"。

1958年7月4日，天津市第三届人民代表大会第一次会议通过了《关于海河改造工程报告的决议》。《决议》指出，海河"咸淡分家"和"清浊分流"改造工程，对于天津工农业生产的发展和人民生活条件的改善，都将起到巨大的作用，天津城市的自然面貌也将焕然一新。

海河改造工程，包括在海河口建闸，改造城市污水管道和在市郊开挖两条排污河。通过这些工程，咸水不上溯、污水不入河、淡水不流失，海河在旱季起到蓄水和保水作用，成为天津的一条水源河。全部工程投资8000万元，是天津市第一个五年计划期间市政建设总投资的1.3倍，工程规模在天津城建史上也属空前。

由于海河改造任务紧迫，工程量大，市委和市政府决定以义务劳动大军为主要施工力量，各级领导干部带头参加劳动，建闸和污水改造工地上，义务劳动人数最多时达到10万人。

在海河口筑坝断流，建防潮闸，可使潮水不再侵入海河，以达到"咸淡分家"的目的。这项工程在天津还是首次。防潮闸共分八孔，孔与孔之间用闸墩分隔；闸上有公路桥、工作桥、机架桥、启闭机和电气传动等设施。闸体是一座具有民族风格的三层建筑物。整个防潮闸，外观庄严美观。防潮闸的主体工程包括防潮闸及引河、拦河坝、渔船闸及引河、堤埝等多项工程。

其中，拦河坝是海河建闸主体工程，坝长300米、高13米、底宽260多米、顶宽10米，需抛柴石枕6000多个，填土9万多立方米，规模之大、施工之艰巨，为天津市建筑工程史所罕见。修建这样的拦河坝，一般要用半年左右的时间，但是海河建闸工地的劳动者们，仅用了44个昼夜，就胜利地完成了任务。

1958 年 11 月 18 日上午 10 时 30 分，拦河坝胜利合龙，写有"英雄会师，锁住蛟龙""改造海河，立下巨功"的两面红旗，顿时在大坝上插到一起。当天下午，在新港举行祝捷大会，庆祝拦河坝合龙、渔船闸开闸放水。节制闸混凝土浇筑工程，也于当月完工。12 月 28 日，海河闸工程全部竣工，并举行了隆重的通水典礼；12 月 29 日，全市污水改建工程，亦基本竣工。

海河建闸与污水改造工程的完成，切断了海河同渤海之间的天然联系，使华北五条内河注入海河的淡水不再流入大海，使含有盐分的海水不再上溯河内，达到了海河水"咸淡分家"的目的。

为进一步发挥海河上游蓄水、下游通航，以及海河口防潮闸的作用，1984 年至 1985 年，又在上距天津市区 30 千米、下距天津港 39 千米的海河干流处，修建了海河二道闸工程。

这样，海河市郊段真正成了大型的河道水库，可以按照人们的意愿，为工农业生产、城乡居民生活及水上观光游览服务，这也标志着海河的发展从此进入了一个全新的历史阶段。

1963 年 8 月，海河流域遭遇特大暴雨，强度之大、范围之广、持续时间之长、总降水量之大，均达到海河流域有文字记载以来的顶峰。

降雨从 8 月 1 日开始，10 日终止，绝大部分暴雨集中在 2 日到 8 日。7 天累计，日降水量大于 100 毫米的面积达 15.3 万平方千米，相应总降水量约 600 亿平方米，洪水径流量也达到了 300 亿立方米，是 1939 年的 1.9 倍。当时已建成的 10 座大型水库，对上游来的洪水拦蓄了将近一半，削减洪峰达三分之二，有效地减轻了灾情，保卫了天津和津浦铁路的安全。

然而，海河南部的暴雨中心，7 天降雨量高达 2050 毫米，创中国大陆地区 7 天累计实测雨量最大纪录，造成海河上游 40 多条支流相继暴发山洪，大小支流频频漫决，一批中小型水库纷纷垮坝溃堤，洪水漫过京广铁路进入平原地区，直逼天津。

8 月 14 日，《天津日报》刊发中共天津市委、市人民委员会发出的防汛抗洪紧急指示，号召全市人民动员起来，"万众一心，英勇顽强，战胜洪水"，保卫天津。

广大共产党员、机关干部和工人、农民、学生等各界群众，积极响应党和政府的号召，立即奔赴抗洪第一线。全市先后近 100 万人参加了抗洪斗争，其中 50 万人开赴抗洪前线，守卫着长达 300 千米的堤防。1939 年大水时，天津市区 80% 左右的地面积水，街上积水行船达 2 个月之久，社会秩序一片混乱；而 1963 年的大水，市区安然无恙，城市生产生活正常进行，街上人来人往，仍旧是一派安居乐业的景象。

　　经过 50 天的奋战，全市人民在解放军和全国各地的支援下，经受了两次洪峰的严峻考验，终于战胜了有水文记录以来从未有过的特大洪水，夺取了抗洪斗争的全胜。1963 年 9 月 27 日，《天津日报》刊文《广大军民以回天之力战胜洪水》，并配发社论《我们战胜了洪水！我们经受了考验！》，这标志着天津抗洪斗争取得伟大胜利。

11月17日，毛泽东主席为河北省抗洪抢险斗争展览会亲笔题词"一定要根治海河"。从此，一场轰轰烈烈的根治海河运动，在华北地区全面展开，海河的治理又进入了一个新的阶段。

1963年11月17日，毛泽东主席为河北省抗洪抢险斗争展览题词"一定要根治海河"（《天津日报》资料图片）

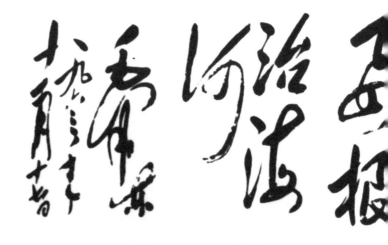

经过十几年艰苦卓绝的努力，海河流域先后建成了大中型水库共85座，其中大型水库19座，小型水库1500多座，总容量达1100多亿立方米；新建和扩建了十几座水力发电站，提高了山区蓄洪泄水能力；开挖了34条骨干河道，总长3700多千米，比著名的京杭大运河还要长一倍多；修筑防洪大堤4300多千米；开挖和疏浚了270多条支流、河道，以及15万多条沟渠，渠上新建了6万多座桥闸与涵洞。这些工程使海河下游呈现出河渠纵横、排灌结合的新局面。

与此同时，还增加和扩大了海河流域各大水系的入海口，由1963年的6个增加到11个，排涝能力提高到2.8万多立方米每秒，比1963年增加了5倍多，相当于原海河干流泄洪能力的20多倍，基本上改变了海河水系过去那种上大下小、洪沥争道、尾闾不畅的局面，有效防止了洪涝灾害的频繁发生。

天津是一座综合性的工业城市，也是一座用水量很大的城市。

新中国成立以来，工农业生产有了很大发展，城居人口大量增加，城市生产和生活用水量不断增加。过去，天津城市供水主要依靠海河基流。1958 年特别是 1963 年洪灾以后，海河流域开始实行"上蓄、中疏、下排"的治水方针，上游各支流修建了很多水库。随着上游地区工农业的发展，用水量同样不断增加，因此上游来水逐年减少，天津水源日益紧张。到 20 世纪 70 年代末，天津遭遇了半个世纪以来最严重的水荒。

1982 年，引滦入津明渠开挖工程大张庄北市区工地上，参加义务劳动的干部和职工在努力奋战（于嘉祯摄）

1982 年，青年们在海河两岸参加义务劳动（马英摄）

　　当时的天津，面临着水源断绝的形势。城市用水量由原来的每天 180 万立方米，降到 100 万立方米，后又压缩到 70 万立方米。工业用水，由原来的每天 77 万立方米，降到 45 万立方米。天津第一发电厂被迫停止发电，纺织、印染、造纸等用水大户，面临随时停产的威胁。人民生活用水由原来的每人每天 70 升降到 65 升，并且还是每升含 1000 多毫克氯化物的苦涩咸水。

　　1981 年 8 月，党中央、国务院决定兴建引滦入津工程。

滦河发源于河北省巴彦古尔图山北麓，支流众多，共有 500 多条，是水源比较充沛的水系。滦河水泥沙含量少，水质好，是城市供水的理想水源。

引滦入津工程，就是要把河北省境内、滦河上游的潘家口和大黑汀两个水库的水，引进天津市。1982 年 5 月 11 日，引滦入津工程全线开工。其中，引水渠全长 234 千米，中间要在滦河与蓟运河的分水岭处，开凿一条逾 12 千米长的穿山隧洞，治理河道 100 多千米，开挖专用水渠 64 千米，全部工程开凿出的岩石达 140 万立方米。引水线路施工中最艰难的是穿越地质代古老的燕山山脉，在 200 多条断层中，修建一条 12394 米长的引水隧洞，这是中国目前最长的一条水利隧洞。

全部工程仅用了 1 年零 4 个月就胜利完成。1983 年 9 月 5 日上午 8 时，潘家口和大黑汀两个水库以及引滦枢纽闸，依次提闸放水，全长 234 千米的引滦入津工程正式向天津送水。9 月 11 日，天津人打开自来水管，甘甜清澈的滦河水流进千家万户，天津人从此结束了喝咸水的历史，这一天也成为"引滦通水纪念日"。

1983 年，喝上第一口滦河水，居民院里欢声笑语（韩振铎摄）

1985 年，海河三岔河口的引滦入津纪念碑（张力摄）

引滦入津的增建工程是引滦入塘和引滦入港，就是把滦河水输送到塘沽和大港，这两项增建工程于 1991 年 9 月全部竣工。

引滦入津工程的完成，为天津的工农业生产，港口、油田及城市生活用水，提供了可靠的水源，取得了巨大的经济效益和社会效益。同时减少了天津地下水的开采，有效地控制了地面沉降。

到 2009 年 9 月 11 日，引滦入津工程已累计向天津供水192.2 亿立方米。天津城市饮用水水质达到国家二级标准，为全国饮用水质量最好的城市之一。引滦入津工程使天津工业生产缺水的被动局面得到扭转，不仅用水较多的缺水企业全部恢复生产，天津港也因此受益，新港船闸得以重新开启使用，停产 3 年的内河港区码头恢复生产；同时为新建企业提供了可靠水源，加速了工业发展，改善了投资环境，成为天津城市经济和社会发展赖以生存的"生命线"。

与此同时，天津还结合水源保护，实施了绿化、美化工程，把"古有都江堰，今有引滦线"作为奋斗目标，使引滦入津这条"生命线"变成了一条亮丽的生态文化"风景线"。

然而，引滦入津只能缓和城市淡水供应的紧张，并没有完全解决天津城市的用水问题。

为从根本上解决北方地区用水的水源问题，国家决定引长江水北上，建设南水北调工程。该工程的东线工程起点位于江苏扬州的江都水利枢纽，中线工程起点位于汉江中上游的丹江口水库，受水区域为河南、河北、北京和天津。

南水北调工程自2014年全面建成通水以来，已成为北京、天津等40多座大中城市和280多个县市区的主力水源，输送了超过1.4亿人所需用水。截至2022年5月13日，南水北调东线和中线累计调水达531亿立方米，解决了京津等地社会发展的急需问题。

为把海河沿岸建成独具特色的、国际一流的服务型经济带、文化带和景观带，弘扬海河文化、创建世界名河，2020年，天津市委、市政府对海河两岸进行了"总体规划"，目标是展现悠久历史文化、发展城市第三产业、突出滨水城市特色、建设生态城市依托、改善道路交通系统、开发旅游休闲资源，同时制定了海河综合开发"十大工程"建设任务，包括绿化广场工程、水体治理工程、灯光夜景工程、公共建筑工程、整修置换工程、道路交通工程、桥梁工程、通航工程、堤岸改造工程、环境建设工程。

在"十大工程"中，以海河50千米沿线灯光夜景工程，对天津城市独特的景观建设产生的社会反响最为突出。

当年，规划设计人员在深入调查研究的基础上，综合考虑到天津城市深厚的历史文化底蕴、海河干流的独特自然风貌以及天津作为国际大都会的现代化气息，最终营造出沿河两岸建筑中西合璧、古今交融的特色灯光组团，经过历年不断改进和提升，现已成为天津城市景观的一大亮点。

海河沿岸的夜景灯光，整体以橘黄、浅黄等暖色调为主，适当点缀暖白色光源；充分利用跨河桥梁多的优势，突出桥梁灯光的艺术感和美感；以两岸风格迥异的风貌建筑为依托，以高层建筑为背景，巧妙利用灯光与河岸建筑物的配合，形成层次丰富、错落有致的整体效果，展现历史风貌建筑的文化底蕴。

在细节处理方面，为确保海河沿岸夜景灯光"线不断点"，设计人员按照节点位置，突出灯光组团风格，使灯光色彩的搭配层次鲜明、远近有度，将天津这座历史文化名城独特的城市文化和风韵格调，自然融入焕然一新的海河夜景之中。

如海河灯光夜景的河北区段，以"延伸金色海河、流光岁月"为设计主题，突出"岸、绿、楼、桥"四个元素。打造出彰显海河文化、展现都市风采、欣赏城市立体景观、凸显辉煌华丽天津的灯光夜景布局。

亮丽津城灯光璀璨（赵建伟摄）

又如坐落于北安桥至大沽桥海河东岸的海河中心广场公园，在此次改造过程中，除进一步强化绿化工程，还营造出园林的层次感、厚重感和纵深感，同时强调了游人与自然的和谐，提高了游人的参与度。园内灯具设计，也充分考虑造景所需，使草坪灯、地埋灯等相互呼应，形成了立体灯光效果。

再如跨越海河两岸的座座桥梁，在夜景灯光的装点下，犹如条条卧波长虹，玉带蜿蜒，满目璀璨，独具别样风采。永乐桥"天津之眼"荧光闪闪，狮子林桥上石狮八面玲珑，

金汤桥夜景（张建摄）

金汤桥旁喷泉焰火缤纷，赤峰桥像"巨轮"扬帆起航……每座桥梁都是让人流连忘返的一道美景，每座桥梁都是一件巧夺天工的艺术品。

每逢重大节日，比邻津湾广场和天津站的解放桥，会缓缓地开启，张开臂膀，欢迎四方宾朋。经过夜景灯光的不断提升改造，海河愈加绰约亮丽、妩媚动人。

每当夜幕降临，海河两岸的"盛装晚宴"，就会展现出璀璨绚丽、变化万千的炫彩魔幻。在视野可及的范围内，两岸高层建筑都披上了一层或点或线、或明或暗的灯光外衣，

在氤氲的夜色中，勾勒出两岸高低协调、错落有致的天际线。晶莹剔透中夹着温馨细腻的灯光，随着碧波荡漾缓缓展开。船行河上，一座座建筑，仿佛精心串起的颗颗珍珠，次第进入眼帘。两岸夜景交相辉映，船上游人，如同置身一幅流动的画卷，这风景更像一曲看得见的旋律，跳动在河畔，映衬在水中。

天津古今交融、中西合璧的风姿与格调，用五光十色的灯光浓缩在海河两岸，沁入人们的心田，完整呈现在观赏夜景的人们眼前。恢宏大气、灯火辉煌的夜景组团，构建出大尺度、大视角，有深度、有厚度，有亮度、有品质，全方位、立体式的津门美丽之夜。

绚彩灯光，如诗如画；一河夜景，陶醉游人。夜天津，夜海河，犹如一幅优雅柔美的画卷，洋溢出独特的天津味道。海河是天津的母亲河，夜天津，夜海河，让母亲河焕发了青春。

夜幕中开启的解放桥（杜建雄摄）

1977 年 12 月 30 日，沟通天津市区海河两岸的四新桥（1985 年改名光华桥）建成通行。这座大桥的建成，标志着海河开始断航，近代以来繁盛一时的紫竹林港区不复存在，而是成为海河带状公园的一个部分。

天津开埠后，地处三岔河口的直沽港区，很快被紫竹林港区取代，成为中国北方最大的外贸口岸。但是，从 20 世纪初开始，航运船舶逐渐向大型化发展，出现了停船码头向海河下游东移至入海口的发展趋势。

1900 年，八国联军自大沽口登陆，占领了塘沽，为停泊军舰和方便运送物资、军队，一些国家开始在塘沽一带相继修建码头。从 1886 年开始，海河主航道开始出现严重的淤浅，迫使中外商船不得不在海河入海口处的塘沽修建停船码头，以便因海河淤浅不能行船时，临时在塘沽装卸货物。1914 年，塘沽建成我国第一家精盐生产企业久大盐厂，不久又建起亚洲第一家纯碱制造厂永利碱厂（今天津碱厂），原料和产品等大宗货物的运输，急需在塘沽建设港口。

日本占领天津期间，为掠夺战略资源，从1939年开始，在海河入海口北岸修建塘沽新港。该港口原计划年吞吐量为2750万吨，在当时应属于世界大港等级。1941年12月太平洋战争爆发后，日军屡屡失利，到1945年8月，才勉强建成4个3000吨级的杂货泊位和1个5000吨级的煤炭输出泊位，而且均未正式投入运营。

1945年抗战胜利，国民党政府接收了新港，不但未及时扩建，就连原有的港口工程也未能给予必要的维护，致使航道、港池淤为浅滩，码头设施严重损坏或丢失。到1949年，新港码头已是一片荒芜，陷入瘫痪状态。

新中国成立后，中央人民政府政务院于1951年决定修建塘沽天津新港，并开始了一期建港工程，1952年10月17日，天津港正式开港。

1959 年开始了第二次港口扩建工程，至 1966 年，天津港新建万吨级以上泊位 5 个，吞吐量一举突破 500 万吨，结束了天津港不能全天候接卸万吨巨轮的历史。

1973 年，天津港开始了第三期大规模建港工程，从此进入快速发展时期，为天津港成为北方第一大港打下基础，天津港区中心也开始定位于塘沽的海河口，最终建成了世界上最大的深水人工港。

20 世纪 90 年代末期，天津港码头（张建摄）

2004 年前后，天津港码头（张建摄）

2005 年，天津港完成 10 万吨级航道和大型油码头的建设，不久又完成了 30 万吨级人工深水复式航道的建设，可以接卸所有进出渤海湾的大型船舶，成为深水大港和集装箱中转港及中国北方的航运、物流中心。天津港对外可以通达 180 多个国家和地区的 500 多个港口，对内辐射区域不断扩大，建设了 25 个内陆"无水港"，成为京津冀、华北及西北地区最便捷的出海口。其所建的国际邮轮母港，可以停靠世界上最大的邮轮。2018 年，天津港的货物吞吐量，约为 5.08 亿吨。

天津港（张建摄）

　　2019年1月17日，习近平总书记在视察天津港时强调："经济要发展，国家要强大，交通特别是海运首先要强起来。要志在万里，努力打造世界一流的智慧港口、绿色港口，更好服务京津冀协同发展和共建'一带一路'。"

　　为贯彻习近平总书记的重要指示精神，天津港在深化改革和加速建设过程中，牢牢把握绿色发展理念，构建陆海双向绿色港口，决心加快建设以人为本、安全健康、环境友好的世界一流绿色港口。

在中国港口协会召开的"2021绿色与安全港口大会"上，天津港发布，将天津港北疆港区C段智能化集装箱码头，打造成为全球首个"智慧零碳"码头。2021年10月17日，全球首个"智慧零碳"码头正式投产运营。

2021年12月23日，天津港进入中国水运报组织评选的"2021年可持续发展港口"十强名单。进入21世纪，天津已发展成为一座现代化国际港口城市，在京津冀协同发展的大局中，天津作为北方"国际航运核心区"，已呈现出"双城""双港"的城市格局。

天津港（张建摄）

扁担两头的
"津城""滨城"

滨海新区临港生态湿地公园（王涛摄）

1986 年，邓小平同志来到天津，视察刚刚起步建设的天津经济技术开发区。看着当时的建设场面，他说："你们在港口和市区之间有那么多荒地，这是个很大的优势，我看你们潜力很大。"

邓小平同志的这句话，天津人民一直在努力践行。

1994 年，天津在经济技术开发区、天津港保税区的基础上建成了滨海新区。

2006 年，国家"十一五"规划将滨海新区开发开放纳入国家发展战略。同年，国务院颁布《关于推进天津滨海新区开发开放有关问题的意见》，滨海新区成为继上海浦东之后的第二个国家级新区。

2014 年，滨海新区获批成为北方第一个自贸区。

2020 年 11 月 26 日，中共天津市委十一届九次全会召开，明确提出在第十四个五年计划期间，"津城""滨城"双城发展格局初步形成；到 2035 年，"津城""滨城"双城格局将全面形成。

"津城"，是指天津中心城区；"滨城"，是指天津滨海新区。到 2035 年，"津城"现代服务功能将明显提升，形成若干现代服务业标志区；"滨城"将按照城市标准规划进行建设，城市综合配套能力显著增强，基本建成生态、智慧、"港、产、城"融合的宜居宜业美丽滨城。

中新生态城远眺（宋子明摄）

从历史发展上看，打造"津城""滨城"双城发展格局，是符合天津自然地理格局特征和城市发展脉络的。"津城"依漕运而兴盛，"滨城"因近海而发展，所以，天津历次城市总体规划，都延续了"一根扁担挑两头"的城市结构特色，与"双城"发展格局一脉相承。

　　打造"津城""滨城"双城发展格局,是天津优化国土空间发展,进一步加快生态文明建设,促进天津高质量发展的战略性举措。天津一直是我国北方工业重镇,又有着全国先进制造研发基地的定位,保持制造业合理规模和比重,发展先进制造业,以"制造业立市",尤为重要。天津作为我国首批沿海开放城市之一，其港口一直是北方最大的综合性港口，也是北方重要的对外贸易口岸。

"津城""滨城"双城发展格局，将围绕以下几个重点建设。

第一，将明确"双城"的功能定位，实现"双城"的功能互补。

为把"津城""滨城"双城发展格局纳入国土空间总体规划，相关部门正在进一步落实细化"双城"发展格局，塑造"一市、双城、多节点"的城镇体系。同时，构建"三区（盘山—于桥水库—环秀湖生态建设保护区、七里海—大黄堡—北三河生态湿地保护区、团泊洼—北大港—东淀洼生态湿地保护区）、两带（蓝色海湾生态带、生态防护林带）、中屏障（滨海新区与中心城区中间绿色生态屏障）"的市域生态格局，强化"山、水、林、田、湖、草"的系统保护，完善京津冀生态网络。

第二，以打造国际消费中心城市、区域商贸中心为目标，建设紧凑活力"津城"和创新宜居"滨城"。

在建设紧凑活力"津城"方面，重点打造"津城"中央活力区，重点提升现代服务业水平与城市活力，发挥城市综合服务中心作用；形成若干现代服务业标志区，建设成为本市具有全球竞争功能的核心承载区和最具标志性区域；重点发展金融科技、商务商业、文化旅游等，形成与现代化大都市地位相适应的综合服务中心。

在建设创新宜居"滨城"方面，进一步完善提升"滨城"城市的载体功能，增强城市综合配套能力，集聚创新资源，增强创新带动能力；特别是突出滨城港口优势，加快建设世界一流的智慧港口、绿色港口。

第三，提升城市品质，营造城市特色风貌。

"津城"以"多彩主城"为主题，凸显"古今交融、中西合璧"的城市文化底蕴。"滨城"以"蓝色海湾"为主题，加快生态治理，推动建设"亲海、滨海、看海"的市民体验空间。突出海洋文化、现代工业文化，彰显国际性海滨城市魅力，建成生态、智慧、"港、产、城"融合的宜居宜业美丽滨城和区域创新引擎。

第四，全市将聚焦重点片区，促进"双城"协同高效。

一是提升"津城"重点地区发展能级，同时，优化"滨城"资源布局。二是规划重点，打造北京"非首都功能"疏解的重要承载地，加强重点载体平台创新发展。三是完善综合交通体系，提升双城联通便捷度，完善城市快速路网骨架，强化轨道交通在双城客运系统的骨架作用，构建"津城""滨城"间快速轨道交通体系，实现双城核心区之间20分钟直达。

滨海新区图书馆内景（王涛摄）

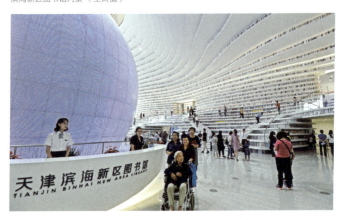

滨海新区文化中心部分场馆对市民开放（王涛摄）

"双城"发展格局的提出，使天津城市建设的发展内涵更全面、更丰富，充分体现出新时期、新发展的特征和要求。

现代天津仍然依海河而生，城市规划建设仍然依海河而立。历史的车轮滚滚向前，海河之水也滔滔东流。未来天津的发展，仍将依托于海河这条母亲河。

河的记忆
海的结晶

天津的发展，始终离不开海河。

近代以来，随着天津城市经济的发展与租界的繁荣，从20世纪20年代开始，天津已成为一个沿海河走向自然成长的工商业和港口贸易城市，东西狭、南北长，主要街道均与海河平行或垂直，整座城市被海河分为东西两部分，需靠桥梁和渡口相联结。城市的中心区，也因租界沿海河向南扩展，移到了法租界梨栈和劝业场一带。

天津的城市性质虽然发生了巨大的变化，但不能改变城市沿河发展的总趋势，城市的中心繁华区，开埠前在海河上游右岸，开埠后随着租界沿海河发展而不断向下延伸，同世界上许多沿河发展的城市一样，天津城市也是蜿蜒曲折地夹河而立，最终奠定了日后天津城市成长的基本格局。

到20世纪30年代，因海河自身条件的限制，地处市区的内河港已不能适应内外贸易和城市经济发展的需要，只能向河口新建的人工港区——天津新港转移。

海河为天津带来的近代历史文化发展进程，典型地代表了近代中国的历史文化走向，代表了中华文明的包容与多元。

中国是世界四大文明古国之一。几千年来，中华文明传承不息，这在世界上是唯一的。究其原因，就在于中华文明的先进性，与时俱进，以及对于外来文明的兼收并蓄。从历史上看，中国是统一的多民族国家，今天的中华文明，是融合了各民族的文明形成的，本身就是多元和包容的。

习近平总书记深刻指出："中华文明自古就以开放包容闻名于世，在同其他文明的交流互鉴中不断焕发新的生命力。"

在近代中国，天津虽不是开放最早，但发展迅速。自1860年开埠，不到半个世纪的时间，就由"府县同城"成长为近代中国的第二大城市，原因何在呢？

从地缘上看，这是因为在中国北方的城市中，天津是大运河北端唯一一座依河傍海的城市。天津地处海河两岸、渤海之滨，海河干流虽然仅有73千米，但上游的五大支流却

可通达华北各地或江南地区，自大沽口出海可驶至
南北沿海各省，远达太平洋和印度洋，自然地沟通
了天津与世界的交往。开埠之后，传统天津蕴藏的
经济火花，迅速点燃了近代天津发展之火，促使天
津很快成长为中国北方首屈一指的工商业城市和贸
易大港。

传统和现代在这座城市里兼容并蓄，和谐地构
成了天津特有的城市风格与意蕴。

天津是中国历史文化名城，确切地说，是中国
近代历史文化名城。由于天津距首都北京极近，海河
又具有河海通津的优越条件，所以天津一直是首都的
出海口和东大门。

受地缘关系的影响，近代中国没有哪一个城市
像天津那样，遭受过如此众多的外来侵略；也没有
哪一个城市像天津那样，紧紧地把城市的命运与国
家的命运结合在一起。中国近代史上的每一重大历
史事件，几乎都要通过海河来演绎，都要进入天津
来彰显，天津城头的风云变幻，海河两岸的潮起潮
落，在一定意义上，就是中国近代历史的缩影。前
人深刻总结了天津的这种地位，认为，近代以来"吾
国外事尽萃于天津，外交之利害，全国之安危，而

山西会馆（张建摄）

恒于是乎卜之，故往往动中外人之视听"。这就是说，百年间的风云变幻，无不在海河与天津留下深深的痕迹。长驻天津的直隶总督手握军政大权，其衙署被视为中国的第二政府，举凡"将校之训练、巡警之编制、司法之改良、教育之普及，皆创自直隶，中央及各省或转相效法"。

辛亥革命以后，天津又成了首都的"政治后院"，出现了名人名居星罗棋布的现象。当时，下野的总统、总理和各省督军、政客纷纷迁入天津租界，窥测方向，以求一逞；许多重大历史事件都是在天津预谋和策划的，因此又流传着在近代中国"北京是前台，天津是后台"的说法。据不完全统计，天津的中外名人故居达500多处。这些宝贵的人文、历史资源，不但在全国，在世界上也非常罕见。

一条河海通津的海河，对近代天津政治、经济、文化的影响是深远的。通过海河开发，重现中国近代历史，应刻不容缓地提到城市的议事日程之中。

天津代表了中华文明的开放品格。

历史上的天津，一直是一座自然发展的开放型城市。开埠后，天津的海河两岸，先后设有九国租界，这在中国、在世界的城市里绝无仅有。为什么世界上各主要国家争先恐后地在天津设立租界？这是由近代天津在中国特殊的地理、历史和政治、经济地位决定的。

租界，无疑是旧中国屈辱和痛苦的象征，但是封闭的坚冰却因此被打破。正是由于被迫开放的"窗口效应"，西方先进的工业、技术、科学、思想、文化、教育、艺术得以通过海河，通过天津，来到中国，从而带来了天津城市的国际性和先进性。近代天津涌现出一批先进的历史人物，在许多方面开风气之先，绝非偶然。海河，对近代天津思想文化的影响是深远的。

中西文化在这里直接撞击，又经过不断调试与磨合，形成了近代天津城市独特的成长模式；一种因南北交融、东西荟萃而形成的开放、包容、多元文化，在近代天津得到迅速发展和壮大。

　　天津城市的国际性和先进性，又带来了世界少见的城市人文景观。世界各地不同风格和中西合璧的建筑，荟萃于海河上游两岸，联结海河两岸最大的桥梁当年叫作"万国桥"，近代天津城市被视为"万国建筑博览会"。在几十年的时间里，天津的"小洋楼"能与具有几百年历史的北京"四合院"相提并论，这难道不是从一个侧面反映了天津文化在中国、在世界的特质与地位吗？

夜晚的滨江道步行街（张建摄）

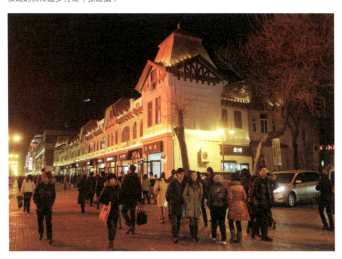

历史的烟云已经过去，租界林立构建出的世界上独有的人文景观，早已成为人民手中的财富，这是海河蕴藏的历史积淀，也是海河独有的文化结晶。因此，把原有的租界区划定为历史文化保护区，设立标志，有条件地恢复或重建被损坏的各国风貌建筑与公园、广场，让人们在一座城市里，用一天的时间，就可以欣赏到世界各国的景观风物，实现"坐地日行八万里"的美梦，这是一件多么惬意的事啊！

坐落在海河岸边的天津，从诞生之日起，就不是一座封闭的城市；南北文化的交汇，东西文化的碰撞，赋予了海河、也赋予了天津独特的魅力。而这，正是我们开发海河两岸必须着力弘扬的地方。

在一百多年的时间里，由开放、多元和包容文化打造的特殊平台，托举起一座国际化的大都市，承载了一部与国家命运紧密相连的历史，彰显了一种中西交汇、南北融合的近代文化，甚至代表了一个特殊时代的世界脉动。可以说，近代天津的文明与文化，就是中华文化门庭广大与兼收并蓄的缩影。

天津代表了中国文化面向世界、面向未来和与时俱进。

一百多年前，中国对世界的认识、对中西差距的认识都是不完整的，也可以说是由于长时期"中国文化本位"的思想影响，造成了认识上的误区。

近代中国一度被西方人打败了，总结经验教训时，最初仅仅认为是武器上的落后："中国文武制度，事事远出西人之上，独火器万不能及。"就连当年最"识时务"的李鸿章在江苏巡抚任内、在湖广总督任内，也还是铁路和电报的反

张学良故居（单琳琳摄）

热闹的滨江道步行街（张建摄）

对者，认为这两件事"大有益于彼，大有害于我"。可是十年之后，经过天津这一华洋杂处的近代文明窗口的洗礼，他完全改变了看法，他希望恭亲王奕䜣转告清廷，铁路和电报"似将盛行于中土，请改驿传为电报"。

历史与文化是人类社会发展的两大思想支柱。

习近平总书记说过："只有不断发掘和利用人类创造的一切优秀思想文化和丰富知识，我们才能更好认识世界、认识社会、认识自己，才能更好开创人类社会的未来。"在教育文化卫生体育领域专家代表座谈会上，他再次强调说："没有社会主义文化繁荣发展，就没有社会主义现代化。"要"正本清源、守正创新……推动中华优秀传统文化创造性转化、创新性发展",不断铸就中华文化新辉煌,建设社会主义文化强国。

因此,我们一定要坚持文化发展过程中的开放、多元和包容。

发展,必须尊重历史,创新,一定立足传统;同时,又必须结合现实生活,有机地融合到新时代的文化中,融合到新时代精神和世界潮流中。天津的经济文化发展,一定要适应天津城市发展的需求,适应京津冀协同发展战略的需求,创造出适应和满足群众需求的特色文化,努力强化天津的文化实力和文化影响力。

一个国家、一个民族的强盛,总是以文化兴盛为支撑的。没有文明的继承和发展,没有文化的持久弘扬和繁荣,也就没有中国梦的实现。

海河干流很短,但赋予了天津离海近的优势,这也是周边其他大城市所不具备的。因此,依托"两海"(海河、渤海)优势,重现海河浓缩的岁月风光,带动名河、名城建设,无疑是天津城市发展的不二之选。

HOW TO READ TIANJIN

FERRY CROSSING

后记

　　1404年12月23日，天津筑城设卫，是中国古代唯一拥有确切建城时间的城市。2022年，她即将迎来618岁生日。

　　孟夏时节，风暖蝉鸣，我们一众出版人齐聚一堂，筹划出版"阅读天津"系列口袋书，旨在贯彻新发展理念，挖掘地域文化，突出趣味性、故事性、通俗性，以"小切口"讲好天津故事，反映新时代人民心声，为城市献上一份贺礼。大家各抒己见，同一座城市却有着不同的关键词：海河岸广厦高耸，滨江道游人如织，这是一座"繁华"的城；古运河舟楫千里，天津港通达天下，这是一座"开放"的城；老城厢幽静雅致，五大道异域风情，这是一座"包容"的城；相声茶馆满堂彩，天津方言妙趣生，这是一座"幽默"的城……

　　倘若一座城市内部千篇一律，必然乏善可陈。不同的关键词，恰好表明天津城市图景具有多样性和丰富性，蕴藏着广阔而灵动的书写空间。然而，究竟从何处下笔为好？

191

我们又陡觉茫然。

　　著名作家冯骥才先生曾说："评说一个地方，最好的位置是站在门槛上，一只脚踏在里边，一只脚踏在外边。倘若两只脚都在外边，隔着墙说三道四，难免信口胡说；倘若两只脚都在里边，往往身陷其中，既不能看到全貌，也不能道出个中的要害。"

　　想来颇有道理，大家要么是土生土长的老天津人，要么是迁居多年的新天津人，早已"身陷其中"，真有必要迈出门槛，重新"远观"这座熟悉的城市。远观之远，非空间之远，乃心理之远。于是，我们计划伴装游客，尽量卸下自诩熟稔的"土著"心态，跟随熙熙攘攘的旅人，再次探寻天津。

　　漫步五大道，各式各样的洋楼连墙接栋，百年前多少雅士名流、政要富贾寓居于此。骑行海河畔，一座座桥梁飞架两岸，一桥一景，风格各异。游逛古文化街，泥人张、风筝魏、崩豆张等天津特产琳琅满目，坐落街心的天后宫庄严肃穆，漕运兴盛时水工船夫在此会聚求安。徐步杨柳青，古镇曾经"家家会点染，户户善丹青"，年画随运河水波，销往各地。落座津菜馆，罾蹦鲤鱼、煎烹大虾、清蒸梭子蟹、八珍豆腐，"当当吃海货，不算不会过"道出天津人对河鲜海味的偏爱。驱车观海滨，天津港货船繁忙，东疆湾海风拂面，大沽口炮台遗址见证了中华民族抵御外辱的不屈意志，被称为"海上故宫"的国家海洋博物馆收藏着无穷的海洋奥秘……

　　数日游走，一行人深感伴装游客也是一件力气活儿，哪怕再花上三五天也游不完这座城。旅途的尾声，我们选择登上"天津之眼"摩天轮，将大半座城市的繁华尽收眼底。座舱缓缓升至最高处，眼前的三岔河口正是海河的起点，所谓"众流归海下津门"，极目远眺间，心中豁然开朗！"举一纲而万目张，解一卷而众篇明"，近在眼前的海河不正是那"一纲""一卷"吗？上吞九水、中连百沽、下抵渤海，我们数日以来的足迹，似乎从未远离过海河！

从地图上看，海河水系犹如一柄巨大的蒲扇铺展在大地上，其实她更像是这座城市庞大而有力的根系，将海河儿女紧紧凝聚——城市依河而建，百姓依河而聚，文化依河而生，经济依河而兴。

经过反复讨论，我们决定推出"阅读天津"系列口袋书第一辑"津渡"，以海河为线索，串联起天津的古与今、景与情，讲述海河历史之久、两岸建筑之美、跨河桥梁之精、流域物产之丰、沽上文学之思……

众人拾柴火焰高。在出版过程中，感谢中共天津市委宣传部的谋划和指导，践行守护城市文脉的责任担当，鼓励我们打造津版好书；感谢冯骥才、罗澍伟、谭汝为、王振良先生，为我们指点迷津，完善策划方案；感谢"津渡"的每一位作者、插画师、摄影师、设计师，付梓之时，更觉诸位良工苦心。

最后，感谢抚书翻看至此的读者！甲骨文的"津"，字形像一人持篙撑舟，我们也期望"津渡"犹如一叶扁舟，载着读者顺水而下，遍览一部流动的城市史诗！

"阅读天津"系列口袋书出版项目组

2022 年 9 月